CHOIX DES TYPES

LES PLUS REMARQUABLES

DE

L'ARCHITECTURE RELIGIEUSE

AU MOYEN-AGE,

DANS LE DÉPARTEMENT DE LA GIRONDE,

DESSINÉS A L'HOMOGRAPHE ET GRAVÉS A L'EAÙ-FORTE ;

PAR LÉO DROUYN.

DÉDIÉ

A LA COMMISSION DES MONUMENTS HISTORIQUES

DU DÉPARTEMENT DE LA GIRONDE.

1.re Livraison.

PRIX DE LA LIVRAISON, composée de 5 Planches et d'une feuille de texte (environ 16 pages) : 5 FRANCS.

ON S'ABONNE,

CHEZ
L'AUTEUR, Rue de Gasc, 143.
VAYSSE, Rue des Remparts, 20.
GAUTIER, marchand de couleurs, Fossés de l'Intendance, 53.
FOULQUIER, *id.*, au Bazar-Bordelais, rue Sainte-Catherine, 54.
MAGGI, marchand d'estampes, cours du XXX Juillet.
Et chez les principaux Libraires.

BORDEAUX.— 1845. Lafargue, imp.

CHOIX
DES

TYPES LES PLUS REMARQUABLES
DE
L'ARCHITECTURE RELIGIEUSE
AU MOYEN-ÂGE
DANS LE DÉPARTEMENT DE LA GIRONDE.

Quels que soient les reproches que l'on puisse adresser aux publications archéologiques qui ont été faites sur le département de la Gironde, elles ont eu au moins un résultat essentiel : elles ont fait connaître la richesse remarquable qu'il présente sous le rapport de ses monuments. Et qui ne sait qu'à part le mérite d'art, les phases historiques d'un pays viennent toujours se refléter sur les œuvres d'architecture, vaste chronique dont parfois l'écriture n'est pas facile à déchiffrer, et qui, à toutes les époques, a offert à la science un vaste champ d'exploration où elle buissonnera sans doute encore longtemps. Les monuments du moyen-âge sont surtout répandus à profusion sur le sol de la Gironde ; presque toutes les églises rurales appartiennent au style roman : et que de communes qui, indépendamment de l'église-mère, possédaient encore des chapelles ! Que de localités dont le nom seul rappelle la trace d'une maison religieuse ! Que de châteaux, dont une tour à demi démolie est le seul reste d'un brillant séjour ! Mais, si ces débris informes, si presque tous les monuments encore debout peuvent devenir un sujet d'études pour l'archéologue, ils n'offrent pas les mêmes attraits aux gens du monde, qui passent indifférents devant le plus grand nombre de ces monuments, et ne s'arrêtent que devant ceux dont l'importance, la richesse commandent involontairement l'attention.

La publication que nous entreprenons intéressera, nous l'espérons, MM. les archéologues ; mais elle s'adresse surtout aux gens du monde. Comme ces derniers, nous laisserons de côté tous les monuments secondaires, et nous nous attacherons spécialement à reproduire ceux qui, par leur élégance, leur variété, peuvent être considérés comme types.

Chargé, depuis plusieurs années, par la commission des monuments historiques, de dessiner un grand nombre d'édifices, nous avons parcouru les différents points de la Gironde ; nous avons comparé les œuvres que le temps et les hommes ont respectées ; il nous a donc été facile de faire un choix.

Dans la série que nous commençons aujourd'hui, nous ne donnerons que des monuments religieux du moyen-âge. Si le nombre de nos souscripteurs nous permet de continuer ce travail et d'entreprendre une seconde série, alors nous reproduirons aussi des monuments militaires, châteaux, portes de ville, etc., et notre publication pourra être considérée comme un musée des richesses archéologiques du département.

Le mérite de l'exactitude ne pourra être contesté à nos dessins, car ils ont tous été recueillis à l'aide de l'homographe.

Nos planches seront accompagnées d'un texte très-succinct, consacré à de courtes notices sur chacun des monuments dont nos dessins reproduiront la physionomie principale. Quelques mots résumeront les notions historiques que la tradition ou des écrits auront conservées; chaque article donnera une idée de l'ensemble de l'édifice, déterminera la date des parties les plus essentielles, etc.

Chaque livraison de dessins comprendra CINQ FEUILLES gravées à l'eau-forte libre ; elles sont imprimées sur papier de Chine, format demi-colombier, par M. E. U. Vonlatum, sortant d'une des premières imprimeries de Paris.

Le texte sera dans le format grand in-8°, papier

grand-raisin, imprimé en caractère petit-romain. Il ne dépassera jamais une feuille (seize pages) pour une livraison de cinq planches.

Le prix de chaque livraison (texte et planches) sera de CINQ FRANCS. Les premiers souscripteurs recevront les épreuves d'artiste.

Les livraisons paraîtront à un mois à peu près d'intervalle : ce délai ne dépassera jamais un mois et demi.

Nous entreprenons cette publication, encouragé non-seulement par la commission des monuments historiques, qui a bien voulu en accepter la dédicace par une lettre dont les termes flatteurs sont déjà une récompense de nos travaux, mais aussi d'après les conseils, peut-être trop bienveillants, de quelques personnes auxquelles nous avons communiqué notre portefeuille. Il n'a fallu rien moins que ces conseils pour que nous soumettions au jugement du public des travaux recueillis d'abord dans un seul but de satisfaction personnelle.

Léo DROUYN.

Bordeaux, janvier 1845.

LETTRE

DU

Président de la Commission des Monuments historiques du département de la Gironde,

à **M. Léo DROUYN.**

Monsieur, je me suis empressé de mettre sous les yeux de la commission des monuments historiques votre lettre du 10 de ce mois et les épreuves de la première livraison du recueil que vous vous proposez de publier sous le titre de *Choix des Types les plus remarquables de l'Architecture religieuse au moyen-âge dans le département de la Gironde.*

La commission a reçu votre communication avec plaisir, et elle applaudit d'autant plus volontiers à votre entreprise que vous ayant inspiré, comme vous le dites, le goût de l'archéologie, elle ne peut qu'éprouver une vive satisfaction, en trouvant dans ces études si remarquables une preuve incontestable de l'influence qu'elle exerce et des succès réservés à sa mission. Il y a longtemps, en effet, que votre talent est apprécié de nous tous, et souvent on a pu regretter que des dessins, précieux à la fois par l'élégance et la fidélité, fussent condamnés à rester long-temps peut-être dans notre album et ne contribuassent pas à ramener l'attention publique vers ces types de l'art qu'ils reproduisent si parfaitement.

Le projet que vous avez formé de publier un recueil des principaux types de l'architecture religieuse dans le département n'est d'ailleurs qu'un premier pas vers le but plus important que nous poursuivons nous-mêmes, c'est-à-dire la mise au jour de l'album archéologique et monumental auquel la commission travaille depuis six ans. Vous contribuerez à faire connaître une partie des richesses de tout genre que renferme le portefeuille de la commission, richesses qui n'attendent pour en sortir que les moyens de publication qui lui manquent encore; et à ce titre seul la commission devrait désirer le succès de votre entreprise; aussi elle s'est empressée d'accepter la dédicace que vous lui avez offerte, et d'agréer que vos travaux paraissent sous ses auspices.

Recevez, Monsieur, l'assurance de ma considération distinguée.

Le Président de la Commission des Monuments historiques du département de la Gironde,

RABANIS.

MODÈLE DE SOUSCRIPTION.

Je soussigné, déclare souscrire à exemplaires *de la première série en cinq livraisons* (cinq gravures et une feuille de texte environ par livraison) *du* **CHOIX DES TYPES LES PLUS REMARQUABLES DE L'ARCHITECTURE RELIGIEUSE AU MOYEN-AGE DANS LE DÉPARTEMENT DE LA GIRONDE.**
Bordeaux, le

(Signer lisiblement et donner son adresse.)

ON S'ABONNE CHEZ :

L'Auteur, rue de Gasc, 143.
Chaumas-Gayet, libraire, rue du Chapeau-Rouge, 34.
Lafargue, libraire, rue Puits-de-Bagne-Cap, 8.
Lawalle, libraire, allées de Tourny, 52.
Houdeyer, libraire, allées de Tourny, 4,
Delpech, place de la Comédie, 2.
Foulquier, marchand de couleurs, rue Sainte-Catherine, au Bazar-Bordelais.
Gautier, marchand de couleurs, fossés de l'Intendance, 53.
Maggi, marchand d'estampes, cours du Trente-Juillet, 5.

BORDEAUX, imprimerie de LAVIGNE, allées de Tourny, 7.

NOTES ANNEXES

AU

CHOIX DES TYPES LES PLUS REMARQUABLES

DE

L'ARCHITECTURE RELIGIEUSE

AU MOYEN-AGE

DANS LE DÉPARTEMENT DE LA GIRONDE.

Notre titre a sans doute déjà appris que nous n'avons pas la prétention d'entreprendre un travail d'érudition, ni sous le rapport historique, ni sous le rapport archéologique; il est des monuments qui pourraient donner lieu à de fort longues dissertations, d'autres qui, en leur rattachant ce qui les entoure, inspireraient facilement des volumes. Mais, ainsi que l'a dit le prospectus, nous ne nous chargés que de résumer EN QUELQUES MOTS les notions historiques qui se rapporteront à un édifice, lorsque la tradition ou quelque écrit auront conservé des souvenirs intéressants; nous donnerons une idée du monument; nous déterminerons la date de chaque partie essentielle, etc.

Ce travail sera donc bien éloigné d'une Statistique monumentale, encore plus d'une suite de monographies. Nous laissons ces champs en friche à ceux qui voudront en parcourir le sol pénible. Un jour, d'ailleurs, la Statistique monumentale du département sera certainement le fruit des travaux de la commission des monuments historiques, auxquels la publication qu'entreprend en ce moment M. Léo Drouyn ne se rattache que par l'idée qui lui a donné naissance : elle a été inspirée, en effet, par les missions que ce corps a confiées à cet artiste; ce sont les études architecturales faites pour cette commission qui lui ont inspiré le goût du dessin des monuments, en même temps que de nombreuses excursions lui ont fait connaître et l'ont mis à même de comparer les monuments les plus curieux et souvent les plus ignorés du département. Le choix qu'il offre aujourd'hui sera donc conçu avec discernement, et il méritait bien d'être placé par lui comme une dette de reconnaissance sous le patronage de la commission qui a su exciter par ses travaux le goût des recherches archéologiques.

Pour nous, il ne nous appartient pas, après M. le Président de cette société, d'exprimer un avis; et d'ailleurs, lors même que, comme membre de cette commission, nous n'aurions pas témoigné déjà de notre sympathie à cette œuvre, la part que nous y prenons, en rédigeant ces notes, est sans doute une preuve suffisante de l'intérêt qu'elle nous inspire. Nous reproduisons ci-après la lettre de M. Rabanis, non-seulement à cause du témoignage flatteur qu'elle exprime pour l'auteur de ces études, mais aussi parce qu'elle indique mieux que nous ne pourrions le faire, le sens et la portée de cette publication.

L. DE LAMOTHE.

LETTRE

DE

M. le Président de la Commission des Monuments historiques du département de la Gironde,

A M. Léo DROUYN.

Monsieur, je me suis empressé de mettre sous les yeux de la commission des monuments historiques votre lettre du 10 de ce mois et les épreuves de la première livraison du recueil que vous vous proposez de publier sous le titre de *Choix des Types les plus remarquables de l'Architecture religieuse au moyen-âge dans le département de la Gironde*.

La commission a reçu votre communication avec plaisir, et elle applaudit d'autant plus volontiers à votre entreprise que vous ayant inspiré, comme vous le dites, le goût de l'archéologie, elle ne peut qu'éprouver une vive satisfaction, en trouvant dans ces études si remarquables une preuve incontestable de l'influence qu'elle exerce et des succès réservés à sa mission. Il y a long-temps, en effet, que votre talent est apprécié de nous tous, et souvent on a pu regretter que des dessins, précieux à la fois par l'élégance et la fidélité, fussent condamnés à rester long-temps peut-être dans notre album et ne contribuassent pas à ramener l'attention publique vers ces types de l'art qu'ils reproduisent si parfaitement.

Le projet que vous avez formé de publier un recueil des principaux types de l'architecture religieuse dans le département n'est d'ailleurs qu'un premier pas vers le but plus important que nous poursuivons nous-mêmes, c'est-à-dire la mise au jour de l'album archéologique et monumental auquel la commission travaille depuis six ans. Vous contribuerez à faire connaître une partie des richesses de tout genre que renferme le portefeuille de la commission, richesses qui n'attendent pour en sortir que les moyens de publication qui lui manquent encore; et à ce titre seul la commission devrait désirer le succès de votre entreprise; aussi elle s'est empressée d'accepter la dédicace que vous lui avez offerte, et d'agréer que vos travaux paraissent sous ses auspices.

Recevez, Monsieur, l'assurance de ma considération distinguée.

Le Président de la Commission des Monuments historiques du département de la Gironde,

RABANIS.

VUE DES RUINES DE L'ABBAYE DE LA SAUVE,

ARRONDISSEMENT DE BORDEAUX.

STYLE ROMAN.

Lorsque saint Gérard parvint en Aquitaine, il remarqua au milieu d'une vaste forêt, dans le pays connu de nos jours sous le nom d'Entre-deux-Mers, sur les ruines du château d'Hauteville, un petit oratoire qui avait été consacré à la Vierge. C'est ce lieu abandonné qu'il choisit pour ériger un monastère, et sur lequel, grâce à l'appui et aux générosités du comte Guy-Geoffroi et de l'archevêque Goscelin, il parvint à fonder un établissement durable.

En 1080, le duc Guillaume accorda, dans un concile, le droit de Sauvetat et plusieurs privilèges à l'abbaye de La Sauve; trois ans après, Philippe Ier lui donna l'église de Saint-Léger, dans la forêt de Lègue, et Pierre, vicomte, y ajouta le monastère du Saint-Sépulcre de Gavarret. La visite qu'y firent en 1155 Henri II et Aliénor donna lieu à la confirmation des privilèges de l'abbaye, et plusieurs bulles du pape Alexandre III et de ses successeurs témoignent de semblables faveurs de la part de l'autorité religieuse.

Mais l'église dont nous admirons les ruines ne remonte pas à une époque aussi reculée : ce fut au commencement du treizième siècle, sous Grimoard, 13e abbé du monastère, que ces constructions s'élevèrent; le 24 août 1231, l'archevêque Géraud en fit la dédicace solennelle en l'honneur de la Vierge.

Le cloître et le réfectoire furent l'œuvre d'un de ses successeurs, Barrau de Curton, qui fut nommé abbé en 1295. L'abbaye fut alors complète; il ne restait plus qu'à l'enceindre, et Hugues de Marcenhac, qui prit la direction du monastère en 1363, accomplit ce dernier travail.

L'histoire des abbés de La Sauve nous donne encore quelques faits intéressants. Ainsi, Gérard II, de Podens (1437), fonda une chapelle et fit confirmer plus tard par Louis XI les privilèges de l'abbaye; sous François de Fayolle (1576), le monastère fut uni à la congrégation des Exempts (20 novembre 1593); sous Louis II, Barbier de la Rivière (1645), il fut uni à la congrégation de Saint-Maur. Cette dernière mesure, commandée par le relâchement qui régnait dans l'intérieur du monastère, eut un effet salutaire; ce couvent reprit bientôt son ancien lustre.

Vers 1726, il avait sous sa dépendance cinquante-un prieurés et cent onze cures.

L'église de l'abbaye de La Sauve, dont la construction, avons-nous dit, appartient au commencement du treizième siècle, offre les traces du plus beau style roman ; une fenêtre seulement, ouverte à l'extrémité nord du transsept, rappelle le style flamboyant du quinzième siècle.

Cette église avait de longueur totale soixante-quatre mètres ; le transsept s'étendait sur une longueur de quarante mètres et sur une largeur de douze mètres.

La largeur totale de l'église, qui est de vingt-trois mètres, est divisée en trois nefs; les piliers de droite subsistent seuls et aident à mesurer la largeur de la nef centrale qui devait être de douze mètres.

Sur ce côté, ces piliers, au nombre de cinq, indiquent que les nefs avaient autant de travées; des chapelles paraissaient s'ouvrir sur ce flanc de l'église; les deuxième et troisième piliers, à partir du transsept, aident à soutenir le clocher qui s'élève sur une base carrée. Au-dessus de cette base, les angles disparaissent, la section présente un octogone, et de plusieurs angles du carré partent des contreforts qui soutiennent ce premier étage. La forme de ces soutiens, celle des fenêtres percées au-dessus indiquent un changement d'époque. Le clocher fut probablement exhaussé sous l'influence de ce même Barrau de Curton, qui fit construire le cloître et le réfectoire : du moins le style de ces parties et celui des étages supérieurs du clocher offre-t-il la plus grande analogie. Ces étages, au nombre de deux, sont percés de fenêtres sur leurs diverses faces. Ce sont à l'étage inférieur des baies géminées surmontées d'un œil de bœuf, qui s'ouvrent sous de nombreuses arcatures en retraite légèrement ogivales; la base de ces fenêtres a été fermée; celles du deuxième étage sont dépourvues d'ornement.

Une flèche pyramidale, entourée à sa base d'une galerie aujourd'hui en ruine, couronne ce clocher.

Un escalier en assez mauvais état est adossé à la face ouest.

Le chevet de l'église est une des parties les plus élégantes; il présente cinq absides demi-circulaires; celle du milieu sur un plus grand diamètre que les latérales, qui, de chaque côté, vont en retraite.

L'abside principale est divisée verticalement en trois parties par de longues colonnes engagées; entre ces colonnes règne un soubassement, puis une fenêtre avec colonnettes aux angles et riche encadrement; enfin, au-dessus d'une retraite dans l'épaisseur du mur, cinq colonnes assez courtes supportent de petits arcs cintrés que couronne une végétation parasite.

Les parties intérieures de cette église, les chapiteaux principalement, offrent la plus riche et la plus curieuse ornementation; mais leur description nous entraînerait trop loin, et nous sommes forcés de nous borner à ces indications générales sur les belles ruines de La Sauve, devenues aujourd'hui la propriété de Mgr l'archevêque de Bordeaux, c'est-à-dire placées dans des mains qui offrent aux archéologues la double garantie du respect religieux et de l'amour des arts.

FAÇADE DE L'ÉGLISE DE SAINT-MACAIRE,

ARRONDISSEMENT DE LA RÉOLE.

GOTHIQUE SIMPLE ET GOTHIQUE FLEURI.

L'église de Saint-Macaire fut autrefois liée à un couvent fondé au dixième siècle par Guillaume-le-Pieux. En 1027, Guillaume Sance, duc d'Aquitaine, fit don de cette église à l'abbaye de Sainte-Croix de Bordeaux, et en 1122 ou 1125, Calixte II sanctionna cette union. Ce fut probablement vers cette époque que furent jetés les fondements de l'église qui fait aujourd'hui la principale beauté de la ville de Saint-Macaire. En 1582, le couvent des Bénédictins fut supprimé : les Jésuites en obtinrent la concession. L'église seule a survécu à ces divers changements.

Cette église offre une nef sans bas-côtés; dans son transsept s'ouvrent trois chapelles absidiales, terminées à l'extérieur, chacune, par onze pans coupés, et offrant une ornementation remarquable qui donne à cette abside romane un caractère aussi pur que sévère. Les voûtes du sanctuaire, du transsept et de la première travée de la nef appartiennent à la même époque, et offrent le plan d'une croix grecque. Celles des autres travées de la nef peuvent dater du treizième siècle.

Dès-lors, la nef de cette église avait reçu la longueur qu'elle offre aujourd'hui; car la partie principale du portail, celle que donne le dessin, offre aussi le style du treizième siècle. La rose qui décore l'étage supérieur de cette façade appartient seule à une époque plus récente, à la fin du quatorzième siècle ou au commencement du quinzième.

La partie inférieure est celle qui captivera le plus notre attention.

La porte s'ouvre sous un arc trilobé, et le tympan, qui la surmonte, est décoré de deux scènes figurées. A l'étage inférieur, une rangée de onze personnages assis et nimbés; au-dessus, le Christ assis entre deux anges, puis un autre personnage de chaque côté agenouillés, la Vierge et saint Jean, sans doute.

Ce tympan est surmonté de trois arcatures richement décorées et encadrées par des guirlandes de feuillages.

L'arc le plus resserré présente les vierges sages et les vierges folles : les vierges sages à la gauche du spectateur, les lampes relevées : elles sont au nombre de trois. Une pierre brute, dans laquelle pénètre la tête d'une vierge folle, termine cette demi-arcature; celles-ci sont à droite, au nombre de quatre, caractérisées par les lampes renversées.

Le deuxième arc offre huit anges; une pierre au sommet destinée probablement à figurer deux dais est encore ici sans sculpture.

Le troisième arc a pour décoration huit anges, portant la plupart des encensoirs.

Les pieds-droits de cette porte sont divisés par un cordon en deux étages; on ne retrouve plus qu'une statue de chaque côté à l'étage supérieur.

Au-dessous, les renfoncements angulaires étaient occupés par de longues colonettes, dont les chapitaux seuls subsistent.

Enfin, les parties planes de cette façade, au-delà du portail, reçurent aussi une riche décoration, dont il ne reste plus de vestiges que sur le côté gauche; savoir : un dais fort gracieux, puis deux petits frontons et des restes de colonnettes.

L'état de cette façade, une des plus belles que présentent nos églises des petites villes du département, est dans un état de dégradation pénible, qui remonte, dit-on, à l'époque du siège qui fut livré en 1562 par les huguenots.

PORTAIL DE L'ANCIENNE ÉGLISE D'AUBIAC.

ARRONDISSEMENT DE BORDEAUX.

STYLE ROMAN.

Cette petite église, composée d'un rectangle suivi de son rond-point, est située entre la route départementale n° 10 et la Garonne. L'ancienne paroisse d'Aubiac est aujourd'hui réunie à la commune de Verdelais; son église, devenue propriété particulière, est convertie partie en étable, partie en grange.

Dans l'intérieur, ce monument n'est remarquable que par quelques restes de peintures et par deux chapiteaux historiés, placés sur des colonnes qui décoraient une porte percée dans une face latérale. A côté s'élevait un clocher qui, autant que permet d'en juger l'épaisseur des murs à la base, devait être fortifié.

La façade principale, orientée au sud-ouest, offre une porte romane ouvrant sous deux arcatures en retrait; un rang d'étoiles décore l'arc le plus resserré; des entrelas s'étendent sur les impostes des pieds-droits.

Au-dessus, quatre chapiteaux qui, par la position du deuxième et du troisième, semblent avoir été encastrés dans cette façade après son achèvement, ont reçu une décoration qui est parvenue jusqu'à nos jours assez intacte.

La première console, à gauche, représente Adam et Eve, entre lesquels l'arbre du fruit défendu et le serpent qui l'enroule; la queue du serpent contourne la jambe d'Eve, monte et disparaît.... Adam, de la main gauche, soutient la feuille de figuier qui cache sa nudité, et semble se serrer le cou de la main droite.

Sur la deuxième console est un combat de deux personnages.

Sur la troisième console est un centaure, sorte de sagittaire, dirigeant une flèche contre un animal à tête humaine et à corps d'oiseau. Les pieds du centaure sont comme entourés d'un lien.

Enfin, la quatrième console offre deux oiseaux superposés; le plus élevé semble tenir une branche dans le bec.

PORTE DE LA CHAPELLE DE L'ANCIEN HOPITAL SAINT-ANDRÉ,

A BORDEAUX.

GOTHIQUE FLEURI.

Les noms des nombreux bienfaiteurs sont venus, à toutes les époques, se placer à la suite de celui de Vital Carle, le fondateur de l'hôpital Saint-André, à Bordeaux. Parmi ces noms, les moins remarquables ne sont pas ceux du président Boyer et de Lameron, chapelain de Sainte-Marthe, qui figurent dans cette liste au seizième siècle. Les biens dont ces philanthropes enrichirent l'hôpital permirent de reconstruire, vers cette époque, la plus grande partie des bâtiments, et notamment la chapelle, dont la porte représentée sur le dessin, était, sans contredit, la partie la plus remarquable.

Le déplacement de cet hôpital, en occasionnant la démolition de l'ancien bâtiment, a donné lieu à la disparition de ce fragment; mais les pierres soigneusement numérotées ont été transportées dans le cloître de l'église Saint-André, pour être réunies un jour de nouveau.

Cette porte s'ouvrait sous un arc surbaissé, au-dessus duquel était placée une statue de moyenne grandeur, représentant sainte Marthe, patronne de la chapelle; cette statue était posée sur une jolie console, et sa tête était abritée par un dais non moins élégant. Des arcatures ogivales et un arc en doucine, servaient d'encadrement à ce tableau, qui se terminait, sur les côtés, par des pilastres partant du sol, soutenant des anges avec des écussons, et au-dessus desquels s'élevaient d'élégantes pyramides.

La statue de sainte Marthe était représentée ayant à ses pieds un dragon enchaîné. Le dragon, dit la légende, exerçait des ravages affreux dans les environs d'Arles; les habitants effrayés promirent à Marthe d'abandonner le culte des idoles pour l'autel du vrai dieu, si elle les délivrait de ce monstre. La sainte fit le signe de la croix, jeta sur l'animal de l'eau bénite; puis elle le prit, le lia comme un agneau et le livra au peuple qui le tua. Ce serait, dit-on, nous rapporte le révérend père Ciry, en commémoration de ce fait que la ville de Tarascon, sur l'emplacement de laquelle ces faits se passaient, aurait reçu son nom, qui dériverait de *Tarasque*, en langue provençale, *Chose horrible*. Mais cet auteur se hâte d'ajouter que la ville de *Tarascon* est mentionnée par Strabon, antérieur, comme l'on sait, au christianisme.

CROIX DANS LE CIMETIÈRE DE SAINT-SULPICE D'IZON,

ARRONDISSEMENT DE BORDEAUX.

GOTHIQUE FLEURI.

Cette croix repose sur une base assise elle-même sur un palier auquel on parvient en franchissant trois marches. La section de la croix est circulaire, et son ornementation est formée de pilastres. Dans des cadres surmontés d'arcs en accolades, l'artiste a figuré les quatre statues de saint Sulpice, en costume d'évêque; de saint Pierre, les clés à la main; de saint Michel, foulant aux pieds le dragon; de saint Roch, assisté de l'ange; le chien, portant un morceau de pain, n'a pas été oublié.

Au-dessus de cette décoration, le fût de la croix va sensiblement en diminuant.

La croix, proprement dite, présente des arcatures mutilées qui relient les bras, dont les extrémités se terminent en frisures. D'un côté, à l'ouest, elle présente la Vierge soutenant le corps de son fils; du côté de l'orient, le Christ sur la croix.

FAÇADE SEPTENTRIONALE DE L'ÉGLISE COLLÉGIALE DE SAINT-ÉMILION,

ARRONDISSEMENT DE LIBOURNE.

GOTHIQUE SIMPLE.

Parmi les monuments, presque tous si intéressants, que présente la ville de Saint-Emilion, et dont l'état de délabrement vient ajouter à l'intérêt qu'ils inspirent, l'église collégiale, devant laquelle nous conduisons nos souscripteurs, n'est pas un des moins remarquables. Malgré son état affligeant de mutilation, il présente, en effet, les formes les plus pures de l'architecture ogivale au treizième siècle, c'est-à-dire à une époque où, dans nos contrées, elle se développait dans ses formes les plus élégantes.

Troublés pendant long-temps dans leur possession, les chanoines de Saint-Emilion ne furent définitivement installés dans leur monastère qu'au douzième siècle, sous l'archevêque Arnaud Guiraud. C'est l'époque à laquelle on suppose que remonte la partie romane de l'église : cette nef, sans bas-côtés, avec ses voûtes en coupoles, rappelle bien, prise dans son ensemble, le style roman du douzième siècle. Bertrand de Got, devenu pape, transforma le monastère en église collégiale, à la tête de laquelle il plaça, en qualité de doyen, son neveu Gaillard de la Motte. On prétend que l'agrandissement de l'église, la construction du chœur, dont les principales lignes architecturales appartiennent au quatorzième siècle, dateraient de cette époque.

Nous disons les principales lignes architecturales ; si l'on étudie, en effet, avec soin cette abside, on retrouve, dans les meneaux de quelques fenêtres, les contours onduleux du style flamboyant, et dans d'autres parties, près du portail dont nous donnons le dessin, nous croyons aussi reconnaître des traces de style roman : le portail lui-même nous paraît être du treizième siècle.

Les contreforts en larmiers sont classés, en effet, au rang des caractères distinctifs de l'architecture du douzième siècle; et voilà qu'on retrouve des naissances de soutien de ce genre derrière les contreforts en pignons qui encadrent la façade actuelle. Cet *oculus*, qui domine le portail, doit encore être rapporté à la même date.

Antérieurement à la décoration actuelle de cette porte, et par suite, antérieurement à la construction du chœur tout entier, l'église présentait donc sur ce point la largeur qu'elle offre aujourd'hui. Peut-être un transsept portait-il ses limites jusque sur cette ligne.

Les deux contreforts qui encadrent cette porte ne sont pas de même date; celui qui est à l'ouest est contemporain du portail, c'est-à-dire du treizième siècle; le contrefort du côté de l'orient est postérieur : les profils de quelques moulures nous semblent dénoter le quinzième siècle.

La porte, divisée en deux baies par un pilier central, s'ouvre sous trois arcatures en retrait, qui encadrent un tympan. De chaque côté des pieds-droits de cette porte se développent deux ordres de décoration séparés par des cordons : à l'étage inférieur, six arcades pleines séparées par des groupes de trois colonnes qui portent sur un soubassement : au deuxième étage, des niches séparées par des colonnes renfermaient autrefois des statues.

Au-dessus de ces deux ordres de décoration, on remarque deux ouvertures aveugles posées sur un cordon qui se relevait en fronton pour servir d'encadrement au portail; le placement d'une statue, dans la niche qui couronne ce portail, a occasionné la rupture de ce pignon.

L'ornementation de cette porte est dans le plus mauvais état : souvent, c'est à peine si on peut reconnaître les sujets représentés. Cependant, après quelques moments d'attention, on peut distinguer sur le tympan le jugement dernier; le Christ est assis entre la Vierge et saint Jean et deux anges, un de chaque côté : deux anges placent encore une couronne sur sa tête. Au-dessous, séparée par un étroit bandeau qui soutient des anges, une file de personnages nous rappelle la foule des pêcheurs : les bons à la droite du juge, les méchants à la gauche.

Nous hésitons d'autant moins à reconnaître ce sujet, malgré son état de mutilation, que ces deux scènes du jugement dernier semblent avoir été adoptées par les artistes, au treizième siècle, comme un sujet de convention pour orner le tympan des portails. C'est le même sujet qu'on retrouve à Bordeaux, sur l'ancienne porte royale de la cathédrale Saint-André, et à Saint-Seurin, sur le portail méridional : à Bazas, il orne la porte principale; Saint-Emilion même en offre un second exemple sur l'entrée de la crypte monolithe.

Mais, achevons notre examen.

Les arcatures qui encadrent le tympan sont dans un tel état de dégradation, que nous ne pouvons y reconnaître qu'une rangée de personnages nimbés sur la deuxième arcature ; nous ferons aussi remarquer la ligne d'anges qui décore l'arc le plus resserré et qui s'étend jusque sous les pieds du Christ.

De chaque côté du portail, les niches formées par les colonnes du deuxième étage étaient occupées par les douze apôtres, dont les attributs se retrouvent encore quelquefois, assez bien conservés, sur leurs piédestaux.

ABSIDE DE L'ÉGLISE DE SAINT-LOUBÈS,

ARRONDISSEMENT DE BORDEAUX.

STYLE ROMAN.

L'extérieur de cette église offre seul quelque intérêt à l'archéologue. L'intérieur a perdu tout caractère; il a été livré à des mains qui n'ont rien respecté, qui ont détruit toute ornementation ancienne, pour n'y substituer que des décors du plus mauvais goût.

Mais, vues de l'extérieur, les deux absides, demi-circulaires, voûtées en cul de four, présentent encore, malgré leur état de dégradation, un bon modèle de l'architecture romane. La principale est divisée verticalement en cinq parties par des colonnes sur pilastres, ou des groupes de colonnes engagées. Des fenêtres, ornées aux angles de colonnes, et dont l'archivolte est encadrée d'un arc à dents de loup, occupent le milieu de ces espaces verticaux; deux fenêtres du fond sont aveugles; elles étaient autrefois percées, comme le sont encore les autres; d'une sorte de meurtrière.

Sur les colonnes repose aussi une corniche, soutenue dans les intervalles par des modillons.

A une époque postérieure, au seizième siècle probablement, l'abside fut élevée dans un but de fortification; le sommet du mur est découpé en créneaux.

Au nord de cette abside, un bas-côté présente une petite abside d'une décoration analogue à la précédente, mais plus simple.

PORTAIL DE L'ÉGLISE DE SAINT-LOUBÈS,

ARRONDISSEMENT DE BORDEAUX.

GOTHIQUE FLEURI.

Le sujet de cette vignette est emprunté au même monument, dont l'abside a fait le sujet du dessin précédent.

Un clocher, dont la base forme porche, s'élève à l'ouest, au-dessus de la porte de l'église. Cette partie, si on en juge par le style de la voûte de ce porche, avait été érigée au treizième siècle; mais postérieurement, en même temps que l'on taillait, en créneaux, le sommet de l'abside, on fortifiait aussi le clocher, en le surmontant d'un étage en encorbellement, dont la saillie repose sur des machicoulis. C'est à cette dernière époque qu'il faut incontestablement rapporter la décoration que reçut la porte d'entrée, un arc en doucine porté sur des colonnes engagées.

Deux bénitiers, l'un dans le narthex, l'autre dans le porche extérieur, et placés à droite en entrant, remontent à la même époque; ils sont formés d'un pilier carré portant une cuve octogone.

Les vantaux de la porte sont aussi de même date que la décoration sculptée en pierre.

PORTAIL DE L'ÉGLISE DE GABARNAC,

ARRONDISSEMENT DE BORDEAUX.

STYLE ROMAN.

L'église de Gabarnac s'élève sur un plan rectangulaire, et son portail seul mérite attention. Non-seulement les sujets représentés sont dignes d'exciter la sagacité des archéologues, mais le caractère de la sculpture, en très-bas reliefs, nous semble révéler à cette porte un état d'enfance de l'art, qui nous fait assigner le onzième siècle pour date de cette construction.

Les chapiteaux des colonnes, qui décorent les pieds-droits de cette porte, présentent, le premier à droite, des animaux fantastiques qui nous ont paru formés de corps d'oiseaux sur des jambes et avec des têtes humaines; le deuxième est orné d'oiseaux fantastiques; sur le troisième, on distingue un homme mordu à la tête par un serpent; sur le dernier, des feuillages.

Les trois arcatures en retrait sont décorées : la plus resserrée, de festons; la deuxième, de rinceaux; la troisième, d'un rang de perles entre deux tores cordés; enfin le quatrième bandeau (c'est la naissance du mur de face), a pour sujet, après un losange, dans lequel se croisent des bandes, et un damier, 1° un personnage nu ailé, mais que ses parties sexuelles ne permettent pas de supposer un ange, à moins d'erreur de la part de l'artiste, et qui est posé sur un objet qui pourrait être un serpent; 2° deux personnages enlacés et un troisième nu, toujours ailé, et soutenant ou un autre personnage, ou un feuillage; 3° deux personnages conduisant un cheval sellé; 4° une chasse ; des chiens qui semblent poursuivre un cerf, puis ce cerf renversé qu'un chien dévore; 5° deux rangs d'oiseaux; 6° un personnage entre deux autres, qui évidemment se le disputent; 7° deux personnages : l'un d'eux a le cou enroulé d'une corde, peut-être la queue de l'autre personnage qui serait alors le diable; ces deux personnages disparaissent au milieu d'une sculpture fort confuse, et dans laquelle le lecteur peut voir, s'il veut absolument trouver un sujet, les flammes de l'enfer.

FAÇADE DE L'ÉGLISE SAINTE-CROIX,

A BORDEAUX.

STYLE ROMAN.

La première date certaine que l'on possède sur l'église Sainte-Croix est renfermée dans la limite de 650 et 660 ; c'est dans cet intervalle que saint Mommolin, abbé de Fleury-sur-Loire, passant à Bordeaux, mourut au monastère Sainte-Croix et y fut enterré. Etabli hors des murs de la cité, ce monument était exposé, de première main, aux ravages des barbares, qui vinrent plus d'une fois porter la dévastation dans la ville de Bordeaux. Les Sarrasins le détruisirent, ou tout au moins l'endommagèrent considérablement. En 778, Charlemagne le restaura. Les Normands recommencèrent, au dixième siècle, l'œuvre de destruction à peine réparée des Sarrasins, et firent naître un nouveau restaurateur dans Guillaume-le-Bon, duc d'Aquitaine. Un cartulaire de l'abbaye Sainte-Croix, dont Lopes, l'historien de l'église Saint-André, nous a conservé un passage, raconte que Guillaume II, dit le Bon, comte de Bordeaux, assembla les grands de sa cour, et leur demanda le lieu qu'ils jugeaient le plus convenable pour la fondation d'un monastère qu'il se proposait de faire élever pour le salut de son âme. Un jeune homme de l'assemblée, aussi instruit qu'éloquent, Trencarcd, se leva et proposa la réhabilitation de l'église Sainte-Croix. Cette offre obtint l'assentiment unanime, et l'œuvre d'édification recommença pour la troisième fois : treize moines et un abbé furent placés dans le couvent, et Guillaume, au milieu des grands de sa cour, suivi de sa mère Entregodis et de sa femme Aremburgis, se rendit devant l'autel, où il prononça ces paroles : « Je donne à l'abbaye Sainte-Croix ces terres, cette vigne, l'église de Saint-Hilaire du Taillan, le lieu de Soulac, avec l'oratoire de la Vierge, etc.

Guillaume ne borna pas là sa sagesse : au rang des privilèges qu'il accorda plus tard à ce couvent se trouve le droit de sauveté, de fondalité et de franchise, avec toute justice, avec toute coutume, etc. « S'il se trouve quelqu'un, dit-il, qui ose s'approprier les choses susdites, ou les enlever par violence, qu'il encoure la colère du Tout-Puissant; qu'il soit séparé de la société des chrétiens; qu'il soit englouti tout vivant comme Dathan et Abiron, et qu'il ne participe jamais à la résurrection des justes; mais qu'il soit tourmenté dans l'enfer par des peines éternelles.

La menace des peines corporelles suit celle des peines spirituelles; celles-là consistent en une amende de mille livres d'or.

On trouve des confirmations de ces privilèges faites en 1096 par un autre Guillaume, duc d'Aquitaine; en 1174, par Richard Ier, autre duc d'Aquitaine; en 1199, par Aliénor; en 1232, par Henri III, roi d'Angleterre et duc d'Aquitaine.

Au quatorzième siècle, les officiers de la comptablie voulant assujettir le monastère à payer des droits pour l'entrée et la sortie de leurs vins, Edouard III, en 1357, confirma les privilèges précédents, que les monarques qui suivirent, Richard II, Henri IV, Henri V, rois d'Angleterre et ducs d'Aquitaine, renouvelèrent encore.

Tels furent, parmi les souverains de l'Aquitaine, ceux qui accordèrent le plus de faveurs à l'abbaye de Sainte-Croix. Nous pourrions, à côté des chartes octroyées par les rois, citer les bulles des papes non moins nombreuses; mais cette nomenclature serait sans intérêt, et nous devons nous borner à rappeler les changements principaux qui survinrent dans le régime de ce monastère.

Au quinzième siècle, sous l'abbé Pierre André, le pape Martin V exempta le monastère Sainte-Croix de la juridiction de l'archevêque de Bordeaux. Sous l'abbé Salviati, le monastère fut d'abord uni à la congrégation de Chézal Benoît, puis à celle des exempts (1580). Deux ans plus tard, il avait perdu toute discipline; et, en 1627, le cardinal de Sourdis y introduisit la réforme, en unissant ce monastère à la congrégation de Saint-Maur.

Passons à l'étude du monument : son style ne nous offrira pas moins de changements que l'histoire du monastère.

En se basant sur les classifications qui ont été faites des types du moyen-âge, on doit rapporter la partie principale de la façade de l'église Sainte-Croix au onzième siècle ou au commencement du douzième. C'est le style de la porte principale, des deux niches latérales, des deux rangs d'arcatures dont quelques parties subsistent au-dessus des groupes de colonnes en spirale aux angles. Alors, l'église était sans bas-côtés, ne présentait pas la voûte actuelle; son plan offrait celui d'une croix latine. On doit rapporter à la même époque ses trois absides demi-cylindriques.

Un peu plus tard, mais toujours à l'époque romane, on édifia le clocher; puis, à la fin du douzième ou au commencement du treizième siècle, on agrandit l'église en lui donnant les bas-côtés, et on construisit les voûtes actuelles; la partie latérale de gauche de la façade fut ornée d'une rose en trèfle aujourd'hui fermée en partie, et d'une porte ogivale; sur la partie centrale, le placement d'une arcade, qui renferma un bas relief, dont le dessin nous a été transmis par Venuti, remplaça une décoration antérieure qui n'a laissé d'autres traces que deux grosses colonnes engagées; enfin, le percement d'une rosace fut l'œuvre du quatorzième siècle. Le couronnement du pignon actuel est dû à une époque postérieure à l'âge gothique.

Quoiqu'inachevée, la sculpture du portail principal est la partie la plus curieuse de l'ornementation.

L'arc le plus resserré est décoré de groupes d'oiseaux superposés qui mordent des quadrupèdes placés au-dessous d'eux; le second arc est occupé par deux rangs d'hommes accroupis tirant tous une même corde, et dirigés vers le sommet de l'arc. Là, deux personnages, les plus élevés, sont face à face. Viennent ensuite, sur les arcatures qui suivent, divers ornements, notamment deux rangs de torsades dirigées en sens inverse et séparées par un rang de perles; on croit remarquer sur la première arcature une série d'hommes s'accrochant à des branches d'arbustes, comme pour atteindre au sommet de l'arcade.

Les premiers signes d'un zodiaque ont été reconnus sur l'archivolte qui vient à la suite; un personnage assis figurant la nature à l'état de repos, puis le capricorne, le verseau, le poisson, un personnage mutilé et le taureau; la pierre cesse d'être sculptée au-delà.

Autour de ces bas-reliefs et au cintre, entre deux filets, on lit l'inscription suivante gravée en caractères romains :

E † ‖ JANVA ‖ RII SOL ‖ IN CAP ‖ RICORN ‖ .... E † ‖ F.... SO ‖ L....

Qu'on complète ainsi :

E. † JANUARII SOL IN CAPRICORNO. E. † FEBRUARII SOL....

L'archivolte qui suit, et qui occupe la naissance de la façade, présente des vieillards vêtus de robes et portant des couronnes; cette sculpture, en assez mauvais état, admet volontiers toutes les interprétations, qui ne lui ont pas fait faute. Quant à nous, nous inclinerions à voir les vieillards de l'apocalypse, que nous retrouverons plus tard sur le portail de l'église de Haux, portail qui offre une grande analogie avec celui de Sainte-Croix, à Bordeaux.

Une série d'anges ferme cette riche décoration.

Sur l'archivolte de l'arcade latérale à droite, on remarque quatre groupes, dont trois composés d'une femme, d'un personnage et de deux serpents. Les deux serpents semblent sucer le sein de la femme, qui les a saisis de chaque main. Le second personnage, dont les cheveux hérissés, les traits hideux rappellent l'image du diable, a une main placée sur le cou de la femme; le troisième groupe n'est pas accompagné du diable. Sur l'arcade de gauche sont cinq groupes semblables entre eux, et qui ne sont pas sans analogie avec ceux de l'arcade de droite : ils représentent d'abord un personnage, la tête appuyée sur un coussin, puis un diable, armé de griffes aux pieds et aux mains, qui semble vouloir saisir le premier.

Enfin, sur le fronton, M. Jouannet a lu les inscriptions que voici :

Dieu est ma garde.

J. S. D.   E. A. M.
A. D.   S. K.
— 1586. —

Cet antiquaire voyait dans ces lettres les initiales des mots : *Julius Salviati dominus et abbas monasterii, anno domini septembris kalendas* 1586. (Jules Salviati fut abbé de Sainte-Croix de 1565 à 1607.)

Au milieu est un écusson sans couronne.

Au-dessous sont gravés les mots :

Mingeonin de
Vilas estant
Scyndic et ovv
Vrier de céans.

PORTE DE L'ÉGLISE SAINT-MICHEL,

a bordeaux.

GOTHIQUE FLEURI.

En parcourant l'histoire de l'église Saint-Michel, on trouve trois unions de cette basilique à l'abbaye de Sainte-Croix, prononcées par divers archevêques de Bordeaux, savoir : en 1099 par Amatus; en 1164, par Bertrand Ier; en novembre 1305, par Bertrand de Goth.

Louis XI obtint du pape Paul II une bulle, du 8 juin 1466, qui érigeait en collégiale cette vicairie perpétuelle; mais cette décision ne fut pas exécutée; la collégiale ne fut pas établie; peu de temps après, Artus de Montauban réduisit le nombre des chapelains à vingt-quatre, et les constitua *en corps mystique et collège ecclésiastique...*

Mais, sous quelque forme que se présente la société des prêtres attachés à l'église Saint-Michel, son histoire se réduit à une série non interrompue de discussions avec l'abbaye Sainte-Croix, sujet qui ne saurait nous occuper en ce moment, et que nous devons laisser de côté, pour considérer le monument.

Après la cathédrale Saint-André, l'église Saint-Michel est celle de Bordeaux qui se développe sur les plus vastes dimensions; celle-ci n'a pas moins de soixante-quatorze mètres de longueur, et son transsept s'étend sur trente mètres soixante centimètres.

Deux époques principales dominent dans son architecture; le chœur, dont la base nous paraît dater du treizième siècle, puis le transsept et les trois nefs, qui sont l'œuvre du quinzième et du seizième siècle; les chapelles n'ont été ajoutées qu'après coup et diffèrent peu entre elles.

Si on s'en rapporte à la tradition, Charles VIII et Anne de Bretagne, lors de leur passage à Bordeaux, en 1498, auraient fait des dons assez considérables pour l'achèvement de cette église; et l'élévation du transsept, principalement, serait le fruit de leur générosité.

Les nefs conservent encore des inscriptions sur les arêtes des voûtes, qui perpétuent les noms de divers bienfaiteurs. Les documents que l'on possède sur cette église, quoi que bien incomplets, mentionnent aussi quelques noms, en tête desquels il faut mettre ceux de Jean de Bellem, de Vital de la Combelie, de plusieurs membres de la famille de Mons, etc.

La porte méridionale, dont nous devons ici nous occuper plus spécialement, a long-temps porté des signes qui doivent sans doute en faire rapporter la construction au souverain que nous avons déjà nommé, à Charles VIII et à Anne de Bretagne; deux pierres que l'on voit encore sur les pieds-droits de cette porte, mais dont la sculpture disparut sous le marteau des niveleurs de 94, portaient, l'une, les armes de France, l'autre, les armes de France et de Navarre.

Bien d'autres mutilations, qu'il faut probablement attribuer à la même époque, ont donné à cette élégante porte un cachet de nudité affligeant. Ainsi les niches que l'artiste plaça sur les pieds-droits sont vides; les statues ont disparu et ont été remplacées par des prismes. L'ornementation du quinzième siècle ne se retrouve plus que dans la décoration des deux arcs ogivaux qui encadrent un tympan, dont la sculpture appartient à la fin du dix-huitième siècle.

L'arc le plus resserré est orné de six statuettes d'anges, le second, de dix; une place à chaque extrémité des ces arcs est vide. Les statues du second arc nous paraissent figurer des apôtres : les uns ont à la main un livre, d'autres sont accompagnés de leurs attributs spéciaux; d'autres enfin portent un bâton de voyage.

Les deux guirlandes de feuilles qui encadrent ces arcatures sont remarquables par leur délicatesse; quelques crochets, à droite, ont seuls été sculptés

La sculpture du tympan, tout moderne avons-nous dit, représente une des apparitions de Saint-Michel, les plus célèbres dans les récits légendaires.

Au cinquième siècle, Gargon, homme très-riche, et qui possédait de nombreux troupeaux, perd un de ses taureaux que l'on trouve, après bien des recherches, dans une caverne. On essaie de le saisir, en lui décochant une flèche; mais au lieu de pénétrer, elle rejaillit vers ceux qui l'ont lancée. On eut recours alors à l'évêque de Siponto pour expliquer un fait aussi prodigieux. C'est alors que Saint-Michel apparaît à ce prélat, lui explique que cette caverne est sous sa protection, et demande qu'elle soit consacrée en l'honneur de tous les saints. L'entrée de la caverne est figurée sur la sculpture; le taureau montre la tête; l'évêque, debout et mitré, occupe la gauche du tympan; au-dessus et à droite, Saint-Michel, en costume guerrier, montrant du doigt l'animal.

Une galerie, admirablement travaillée, et deux contreforts, sculptés avec une délicatesse infinie, encadrent cette porte.

FAÇADE DE L'ÉGLISE DE LOUPIAC DE CADILLAC,

ARRONDISSEMENT DE BORDEAUX.

STYLE ROMAN.

Cette église avait primitivement pour plan une croix latine, mais au dix-huitième siècle, l'addition d'un bas côté est venu en agrandir l'enceinte. Un clocher quadrilatère et de l'époque primitive s'élève sur le chœur; sa voûte sert de coupole au sanctuaire; à une époque postérieure, vraisemblablement vers les guerres de religion, il a été exhaussé et a reçu des créneaux. Une tourelle renfermant l'escalier du clocher s'élève au sud, entre le rond-point et le bras de la croix.

L'abside et la façade sont les deux parties les plus remarquables de ce beau monument; nous ne nous occuperons aujourd'hui que de la façade.

Un avant-corps présente une porte romane s'ouvrant sous quatre arcatures en retraite, décorées d'entrelacs, de dents de scie, etc.; puis, au-dessus d'un bandeau, une galerie figurée par trois riches arcades portées sur des colonnes; entre cette décoration et la corniche à console qui termine cet étage, dans un cadre en creux, ont été sculptées diverses scènes de l'écriture sainte, Adam et Eve à gauche; au centre la cène; à droite l'agneau symbolique. Enfin, au milieu du fronton, est une fenêtre figurée avec colonnes aux angles. Une longue porte feinte occupe chaque côté de l'avant-corps.

Comme ensemble, comme détail, cette façade est généralement reconnue comme un des types les plus purs de l'architecture du douzième siècle dans nos contrées.

PORTE DE LA CRYPTE MONOLITHE DE SAINT-ÉMILION,

ARRONDISSEMENT DE LIBOURNE.

GOTHIQUE SIMPLE.

On a si souvent parlé de la vaste et belle crypte monolithe de Saint-Émilion que nous ne pénétrerons pas en ce moment dans son intérieur; nous ne nous occuperons que de la porte qui est venue, au treizième siècle, décorer l'entrée de ce monument si remarquable.

Le tympan offre deux scènes sculptées; d'abord, le Christ entre deux personnages à genoux : on figure ordinairement dans cette position la Vierge et Saint-Jean; mais ici nous croyons volontiers, avec d'autres personnes, que cet apôtre a cédé la place à Saint-Émilion. Deux anges vont déposer une couronne sur la tête du Christ. Au-dessous, et sur les côtés de cette scène, quelques lignes ondulées figurent les nuages; à l'étage inférieur, on voit clairement la résurrection des morts au jugement dernier; des anges, au milieu, semblent presser la marche des bons et des méchants.

Sur l'arcature la plus rapprochée de ce tympan, huit personnages sont sculptés, savoir : quatre anges, deux de chaque côté aux extrémités de l'arc; puis quatre autres personnages, deux de chaque côté. La deuxième archivolte soutient dix personnages : d'abord, aux extrémités de l'arc, deux anges, un de chaque côté; puis huit personnages, quatre à droite et quatre à gauche. Ces huit derniers personnages et les quatre de la première voussure figurent peut-être les douze apôtres.

Il est bien rare de trouver, dans l'époque du moyen-âge, un travail aussi correct, sous le rapport du dessin, que cette sculpture; les draperies sont bien agencées; les poses des personnages ont perdu leur roideur; elles n'ont conservé que de la noblesse; enfin l'ensemble est pur, correct, élégant.

PORTAIL DE L'ÉGLISE DE SAINT-GENÈS DE LOMBAUD,

ARRONDISSEMENT DE BORDEAUX.

STYLE ROMAN.

Le plan de cette église est un rectangle parfait qui n'offre aucun caractère particulier.

Dans l'intérieur de cette église, on a découvert, au-dessous du sol, une mosaïque dont le dessin représente des entrelacs, des feuillages. Comment cette mosaïque se trouve-t-elle en ce lieu? C'est ce que l'on ignore : le champ est libre aux hypothèses.

La porte s'ouvre sous trois arcs en retraite, dont les deux plus larges portent sur des colonnes; le plus resserré s'appuie sur les pieds-droits de la porte. Ces archivoltes sont décorés de torses, de quatre feuilles, de dents de scie, etc.; l'arc le plus évasé a pour sujet quatorze personnages à genoux, puis sur la droite un lièvre, quatre chiens, enfin un personnage debout.

Les chapiteaux offrent des combats d'animaux ou des entrelacs; le premier, à droite, représente un personnage dont les flancs sont dévorés par deux serpents; sur le deuxième, à gauche, un personnage semble en soutenir un second, et le défendre contre quelque attaque.

Cette porte est encadrée par deux colonnes engagées, placées près des angles du mur et soutenant une corniche portée, dans l'intervalle, par quatorze modillons, découpés en dents de loup ou en feston; on y remarque une petite tête humaine.

CHAPITEAUX DE L'ÉGLISE DE BOULIAC,

ARRONDISSEMENT DE BORDEAUX.

STYLE ROMAN.

L'église de Bouliac est construite sur le modèle de presque toutes les églises rurales de ce département. Tracé à l'époque romane, son plan a la forme d'un rectangle, terminé par un sanctuaire un peu moins large et fermé par une demi-circonférence.

Un clocher d'une époque postérieure, du treizième siècle probablement, s'élève sur l'entrée de l'église.

L'ornementation des quatre chapiteaux que nous publions, jointe à celle de quelques consoles et à l'ensemble du portail, est seule digne d'intérêt; nous ne parlerons ici que des chapiteaux, placés dans le chœur de cette église.

Le premier, sur la droite, représente six personnages. En commençant encore par la droite, Adam et Eve mangeant le fruit défendu : le premier homme, dans un état de nudité, voilé cependant par un feuillage, reçoit la pomme des mains de sa compagne, et se serre le cou de la main droite, comme en signe de désespoir; puis les mêmes personnages chassés du paradis par l'ange armé non d'un glaive, mais d'une branche de feuillage; enfin, Adam, nu, triste, amaigri, travaillant la terre qui doit le nourrir à la sueur de son front.

La seconde colonne de droite représente un être monstrueux, tête de face à bouche béante, sur un corps d'animal placé de profil; des ailes partent de chaque côté du buste humain. A gauche est un autre animal, sorte de sagittaire; buste d'homme sur un corps de quadrupède; la tête se retourne; les bras tiennent un arc tendu qui va lacher une flèche contre le monstre ailé.

Sur la gauche, le chapiteau de la première colonne présente un personnage assis entre deux lions qui lui lèchent les mains; sa pose respire la sérénité: c'est le type adopté pour représenter Daniel dans la fosse aux lions. A gauche, derrière le lion, le prophète Habacuc porte des aliments qu'il va présenter à Daniel.

Sur le second chapiteau, en commençant l'examen par la droite, on trouve un dragon au corps couvert d'écailles et pourvu d'ailes et de griffes; sa partie antérieure se relève et se recourbe pour présenter une gueule béante à un ange debout sur le corps de l'animal qui lutte évidemment avec celui-ci. Derrière cette scène, un personnage porte un poisson sur l'épaule. L'interprétation de cette intéressante sculpture nous est fournie par les premiers versets du chapitre VII du livre de la Bible intitulé *Tobie*. Conduit chez Gabélus par l'ange Raphaël, Tobie fut saisi de frayeur à la vue d'un très-grand poisson qui sortit du Tibre, pendant qu'il s'y lavait les pieds. Mais, d'après le conseil de l'ange, il le saisit et en recueillit le cœur, le fiel et le foie, pour en former des remèdes. C'était avec le fiel de ce poisson qu'il devait rendre plus tard la vue à son père. Arrivé chez Raguel, celui-ci hésitait à accorder sa fille Sara à Tobie; car déjà sept maris s'étaient approchés d'elle et avaient immédiatement trouvé la mort. Alors l'ange le rassura, en lui disant que celui qu'il lui présentait craignait Dieu; et, après le souper, pendant que Tobie et Sara adressaient des prières à l'Éternel, *l'ange Raphaël prit le démon et l'alla lier dans le désert de la Haute-Egypte*.

Le sens allégorique de ces chapiteaux est facile à saisir. Après avoir représenté la chute du premier homme, l'artiste a voulu rappeler des images de l'ancien testament qui promettaient la régénération du genre humain : Tobie, Daniel, sont considérés, en effet, comme des figures du Christ. Le Sagittaire, attribut du culte de Mithra, a sans doute perdu son ancienne signification pour révéler une pensée chrétienne.

PORTAILS DE L'ÉGLISE DE BAZAS,

ARRONDISSEMENT DE BAZAS.

GOTHIQUE SIMPLE ET GOTHIQUE FLEURI.

Comme tous les grands monuments, l'église de Bazas, siège d'un évêché qui n'a été supprimé qu'en 1792, a subi bien des vicissitudes. Plus d'une fois elle a été ruinée et restaurée, et elle n'est parvenue jusqu'à nous que marquée de l'empreinte de plus d'une époque.

Une tradition, rapportée par Grégoire, de Tours, et évidemment erronée, fait remonter sa fondation au premier siècle. Au cinquième siècle, cette église, d'après le témoignage de Sidoine Apollinaire, était en ruine. Restaurée dans un moment de calme, peu à près les Northmans la détruisirent de nouveau en 853. L'évêque Raymond II la fit reconstruire, en 1070, d'après les plans de Seguin, archidiacre de Bazas, et, en 1233, Arnaud de Pins l'agrandit ou plutôt la fit rebâtir sur les bases actuelles. Mais l'église n'était pas terminée à cette époque; car, le 21 septembre 1253, Henri III, roi d'Angleterre, fit don, pour servir à la construction de l'église de Bazas, des pierres qui proviendraient des maisons de Bertrand de Ladils, maisons qu'il donnait ordre au connétable de cette ville de faire démolir.

La façade extérieure fut achevée en 1537, sous l'épiscopat de Jean de Planes; le tonnerre fit éprouver à cette partie des dégradations peu après sa construction, en 1577.

Les dates qu'on lit en divers endroits de l'église, apprennent que les bas-côtés furent achevés en 1598 et en 1599; que la voûte de la nef ne fut terminée qu'en 1635. Ainsi, près de la sur la rosace de la voûte de la nef latérale, on lit :

AUSP. ARNALD DE PONTAC, RESTAURATOR. AVG. 14. 1598 (14 août 1598).

Et au-dessus du grand autel :   EXACTUM 30 SEPT. 1635.

Arnaud de Pontac, légua à la cathédrale une somme de 12,000 écus, que ses neveux, Godefroi et Arnaud de Pontac, fils de Godefroi, tous deux présidents au parlement de Bordeaux, employèrent, suivant les volontés du testateur, à l'achèvement ou à la restauration de l'église.

Le pignon de la façade, renversé par un coup de vent, fut rétabli, ainsi qu'une partie des voûtes, par les soins de l'évêque Edmond Mongin (1724-46).

Enfin, en 1840, cette basilique se trouvait dans l'état le plus affligeant, lorsque l'intervention de la commission des monuments historiques a attiré sur elle l'attention du gouvernement; et un de ses membres, M. Duphot, architecte, a dirigé les travaux de consolidation qui se sont portés principalement sur la toiture, sur les arc-boutants, sur les murs extérieurs, c'est-à-dire sur les parties vraiment essentielles, bien plutôt que sur les détails. Tels sont les principaux traits que présente l'histoire de ce monument, et qui l'ont amené à l'état que nous allons décrire.

Son plan consiste en une nef accompagnée de deux bas-côtés qui contournent le chœur; son abside est formée de cinq chapelles terminées en demi-cercle, et dont les ouvertures correspondent aux travées du chœur. La longueur totale de cet ensemble est de 83 mètres 02 centimètres, et sa largeur, de 23 mètres 13 centimètres. La hauteur de la nef centrale est de 20 mètres 32 centimètres, et celle des nefs secondaires de 11 mètres 05 centimètres.

Vingt-six colonnes ou piliers, de date et de forme diverses, entourent la nef principale, et trois ordres décorent les côtés; d'abord des arcades en ogives, puis des arcades très-surbaissées, enfin des fenêtres ogivales à deux baies ouvrant dans les pénétrations de la voûte ogivale, à nervures saillantes et prismatiques.

Cet intérieur est remarquable de simplicité, d'élégance, d'harmonie. La façade extérieure offre un autre genre de mérite; sa grande richesse la classe au premier rang des belles portes des édifices du moyen-âge. Elle est formée de trois portes en retraite séparées par des contreforts découpés en pyramides. Au-dessus d'une galerie à jour, s'ouvre, sur la partie centrale, une rosace qui n'occupe pas le milieu de la façade, mais dont le centre incline à gauche.

Jusque-là, quoique diverses époques aient déposé leur cachet sur ces parties, rien ne choque l'œil, rien ne dégrade l'ensemble; il n'y a que le malencontreux fronton du dix-huitième siècle qui dépare cette splendide ordonnance. Enfin, un clocher quadrilatère, formé de deux étages et surmonté d'une flèche, s'élève au nord et en retraite de cette façade.

Après avoir contemplé cet ensemble, décrivons la sculpture qui orne les trois portes, sujet de notre dessin.

Porte centrale. — Le tympan porté par un pilier, qui était sans doute autrefois décoré d'une statue de saint Jean, patron de l'église, présente quatre scènes divisées par des cordons. A l'étage inférieur, à droite, la naissance de saint Jean-Baptiste. Le berceau de l'enfant est auprès du lit d'Elisabeth, entouré de nombreux personnages. A gauche, le festin d'Hérode auquel on apporte la tête de saint Jean; celui-ci décapité occupe l'extrémité du bas-relief. Le deuxième tableau a pour sujet la résurrection générale; les morts soulèvent la pierre de leurs tombeaux. Sur le troisième tableau, les bons, à la droite du Christ que nous allons trouver au-dessus, et à la gauche du spectateur. Les premiers sont reçus par des anges; les méchants sont déjà tourmentés par des diables. Enfin, la dernière scène à pour sujet le Christ au milieu de huit personnages; deux anges agenouillés occupent les angles de ce dessin, dont le sommet est aussi terminé par deux anges, qui déposent une couronne sur la tête du Christ.

Cinq arcatures ogivales, séparées chacune par une guirlande de feuillages, encadrent le tympan. Au premier rang, douze anges foulant aux pieds des démons; au deuxième rang, quatorze anges faisant entendre la musique céleste. Les trois autres arcatures sont occupées par divers personnages que l'on peut supposer représenter la hiérarchie céleste; au troisième rang, seize personnages; au quatrième, dix-huit; au cinquième, vingt.

Les pieds-droits présentent deux décorations superposées : à l'étage inférieur des niches portées sur un soubassement, et figurées par des arcs en trèfle, reposant sur des colonnettes; leur fond angulaire est occupé aussi par une longue colonnette qui abrite son chapiteau derrière l'arcature; à l'étage supérieur une ligne de niches aujourd'hui vides; la base des statues et leurs nimbes subsistent seuls.

Les pieds-droits des portes latérales offrent la même décoration; nous ne parlerons donc que des tympans et des arcatures qui leur servent d'encadrement.

Porte nord. — Trois scènes occupent le tympan de cette porte. La plus élevée représente la barque de saint Pierre abandonnée sur les flots sans pilote. Saint Pierre a reconnu Jésus-Christ; il s'est jeté à la mer pour aller au-devant de lui; mais la frayeur le saisit; les flots cèdent sous ses pieds et il est prêt à être englouti. Dans la deuxième scène, le Christ penché le reçoit et semble le soutenir; puis la pêche miraculeuse. Enfin, sur le troisième tableau, à gauche, saint Pierre coupant l'oreille de Malchus, dans le jardin des Olives; vient ensuite le supplice de l'apôtre; enfin, Jésus lui remet les clefs du paradis, dont l'entrée est figurée par une façade gothique fortifiée.

Ces diverses scènes sont encadrées par cinq arcatures. Sur la première, six personnages assis; des papes ou des évêques, vêtus du pallium; sur la deuxième, des anges au nombre de huit; sur la troisième, d'autres personnages. Les deux arcatures suivantes sont consacrées à l'histoire d'Adam et d'Eve, de Caïn et et d'Abel; les sujets occupent les vingt cadres des deux arcatures suivantes : en commençant par la gauche, on reconnaît 1° Dieu créant Adam; 2° Dieu défendant à Adam et à Eve de toucher à l'arbre de la science; 3° Adam et Eve mangeant du fruit défendu (Adam se serre le cou, comme dans les monuments romans, et notamment sur les chapitaux de Bouliac); 4° Adam et Eve après leur désobéissance; 5° Adam et Eve chassés du Paradis terrestre; 6° le mauvais génie conseillant Caïn; 7° Sacrifice offert par Abel; 8° Sacrifice offert par Caïn; 9° Caïn tuant son frère Abel; 10° Dieu reprochant à Caïn la mort d'Abel.

Un cadre, occupant la place d'une statue, renferme deux scènes dont la plus élevée a pour sujet la naissance du Christ; la scène inférieure, l'apparition de l'ange aux bergers.

Porte méridionale. — Le tympan de cette porte n'offre que deux sculptures, dont le sujet est emprunté à la vie de la Vierge. A l'étage inférieur, elle est étendue sur un lit funèbre, entourée des apôtres, parmi lesquels on reconnaît saint Jean au chevet du lit. L'ame de la Vierge est portée au ciel par deux anges qui la soutiennent respectueusement sur un voile.

A l'étage supérieur, l'apothéose de la Vierge : Marie, couronnée, est assise à la droite de son fils, tenant le livre de vie; de chaque côté un ange agenouillé portant des vases de parfum, et au-dessus quatre anges déployant leurs ailes dans les airs, et élevant des encensoirs.

Quatre arcatures enveloppent ce tympan : la première, la plus resserrée, soutient six anges. « Comme ouvrage, a dit M. Lacour, ces figures méritent d'être distinguées; celle n° 3 (la plus » élevée, à gauche), la moins dégradée des six, est exécutée avec beaucoup d'adresse, de » finesse et de grace; mais surtout de cette grace naïve qu'on ne trouve que dans les vieux » maîtres, et qui n'est pas le gothique sec et roide, comme on se le figure ordinairement. » Plusieurs de ces statues portent des instruments de musique qui ont été l'objet des recherches de ce peintre antiquaire, mais qui ne peuvent nous occuper dans ces notes.

La deuxième arcature représente, dans huit cases, des sujets empruntés la plupart à la vie de Marie. Ainsi on reconnaît Marie fiancée à Joseph; un ange bénit cette union; l'annonciation, la présentation au temple; la fuite en Egypte. Sur la troisième arcature, dix rois sont figurés assis sur des trônes; un seul n'a ni sceptre ni couronne; dans cette série, on reconnaît David à la harpe qu'il tient sur ses genoux. La quatrième arcature est distribuée en dix tableaux, dont les personnages représentent les divers travaux de l'année; car autant de cadres étroits accolés à ces dix figures ont reçu les signes du zodiaque. Dans le premier et le dernier de ces cadres secondaires, les signes sont doubles. Ces signes sont du reste rangés de gauche à droite, dans l'ordre que suivent nos calendriers.

M. Lacour, qui a dessiné un grand nombre de détails de la cathédrale de Bazas, cherche dans la pensée de l'artiste une idée d'ensemble qui l'ait guidé dans la sculpture de ces quatre arcatures. « L'artiste, dit-il, a distingué sur la terre trois rangs d'hommes : 1° les saints ou les hommes d'in- » telligence supérieure; 2° les rois; 3° le peuple; et pour faire comprendre que les choses de ce monde » sont limitées, mesurées et finies, son esprit lui a suggéré l'idée du zodiaque qui borde et encadre » toute cette belle composition. »

Toutes les parties que nous venons de décrire doivent, selon nous, être attribuées au treizième siècle; c'est l'œuvre accomplie sous l'épiscopat et l'influence d'Arnaud de Pins; mais les arcs extérieurs qui se relèvent en doucine vers leur sommet, ces crochets figurant des animaux ou des feuillages, les contreforts placés entre les trois portes, ceux qui terminent la façade, la décoration inférieure du pilier de la grande porte, la galerie et la rosace, tout cela appartient au seizième siècle, et fut exécuté sous Jean de Planes : la finesse des détails forme, avec la simplicité des sculptures anciennes, un contraste assez facile à saisir pour un œil exercé. Ce contraste cependant n'a rien de choquant; et, telle qu'elle est, cette façade, par son bel ensemble, par sa profusion de détails, doit occuper la première place parmi les monuments gothiques de notre pays. Malgré bien des niches vides, on y compte encore deux-cent quatre-vingt-dix statues. Aucun autre monument de ce département ne peut offrir un pareil luxe d'ornementation.

VUE GÉNÉRALE ET PORTAIL DE L'ÉGLISE DE BLAZIMONT.

ARRONDISSEMENT DE LA REOLE.

GOTHIQUE SIMPLE.

Une église, et des ruines de bâtiments claustraux, appuyés contre sa face sud, sont les seuls restes d'une abbaye de l'ordre des Bénédictins, de la congrégation des Exempts, qui fut fondée au dixième siècle, et dont la suppression eut lieu sous le ministère de Loménie, comte de Brienne. Les archives de ce monastère ont été dispersées et sont perdues; la seule note que nous possédions est un mandement donné le 28 décembre 1283 par le Roi au sénéchal de Gascogne, pour la sauvegarde du couvent de Blazimont, dont les religieux lui avaient fait aveu de toutes leurs possessions.

Cette église a pour plan un rectangle parfait. L'abside, percée de trois longues meurtrières, ne reçoit de jour que par la première et la troisième; de semblables fenêtres éclairent les faces : celles vers l'ouest offrent une plus riche ornementation que celles qui approchent de l'abside. Entre ces deux parties, un changement d'époque semble avoir eu lieu; cependant, la présence, sur presque tous les points, d'ogives de transition indique des travaux faits à peu d'intervalle de temps. Nous trouvons la raison des murs plus épais du côté de l'ouest, des piliers plus robustes à l'intérieur, des colonnes engagées sans chapiteaux à l'extérieur, dans l'hypothèse d'un clocher carré qui devait s'élever autrefois sur la première travée occidentale de cette église, et dont la ruine aura sans doute occasionné l'addition d'un pignon postérieur au reste de la façade.

La façade de l'ouest appartient donc à divers styles; mais, loin d'être désagréable à l'œil, ce mélange produit un effet très-gracieux. La partie ancienne (treizième siècle), est formée de deux étages divisés par un cordon porté sur des consoles sculptées, et présentant des figures d'hommes, d'animaux. Ce cordon s'étend jusqu'à un groupe de colonnes engagées qui occupent chaque extrémité.

A l'étage inférieur, un riche portail s'ouvre entre deux petites portes figurées, dont il est séparé par deux colonnes engagées qui s'élèvent jusqu'au cordon déjà mentionné. La porte s'ouvre sous six arcs, à peine ogivaux, dont les voussures présentent des sculptures fort remarquables :

Première voussure. — Quatre anges adorant le Christ sous la forme d'un agneau, avec le nimbe crucifère et l'auréole à bords solides.

Deuxième et troisième voussures. — Feuillages perlés.

Quatrième voussure. — Des femmes armées, figurant les vertus, et foulant aux pieds les péchés, sous la forme matérielle de monstres que dévorent déjà les flammes de l'enfer.

Cinquième voussure. — Feuillages flabelliformes; ce sont les seuls que nous connaissions dans le département. Ceux-ci ne sont pas remarquables seulement par leur rareté, mais aussi par la vigueur de la sculpture profondément fouillée, et par les deux rangs d'éventails placés en recouvrement.

Sixième voussure. — Chasses de diverses natures; chasse aux oiseaux, chasse aux cerfs, chasse aux sangliers, sujets que l'on retrouve fréquemment et notamment à Gabarnac, à Saint-Genès de Lombaud, à Castelvieil; nous comptons publier prochainement ce dernier portail.

Presque tous les chapiteaux mériteraient une description détaillée; ceux qui n'offrent pas un sujet historié sont remarquables par la hardiesse du ciseau qui en a creusé les moulures; mais nous devons nous borner ici à signaler les principaux : personnage tenant un glaive de chaque main et luttant contre deux animaux fantastiques; autre personnage entre deux animaux (peut-être Daniel); personnage assis entre deux autres également assis, jouant, l'un du violon, l'autre de la harpe; la plus curieuse de ces sculptures représente un diable monstrueux accroupi, les bras passés sous les genoux; de ses doigts crochus, il s'ouvre avec effort la bouche pour donner passage à une langue énorme qui retombe sur un ventre d'une obésité démesurée. Au-dessus du cordon qui termine cet étage inférieur, les groupes de colonnes séparatifs des portes se prolongent, et dans la partie centrale est une fenêtre géminée, richement encadrée; les arcs des compartiments intérieurs sont légèrement ogivaux.

Un second cordon termine cet étage, et au-dessus vient la partie plus moderne, qui nous paraît appartenir au seizième siècle, percée de quatre fenêtres ogivales et d'une cinquième fenêtre semblable, mais plus élevée. Cette partie se termine par un pignon garni de crochets, et avec clochetons aux angles.

La pierre qui précède le seuil de la porte d'entrée est couverte de divers signes : une triquoise, un marteau, un brochoir, une croix, un boutoir. Une maison d'une localité voisine, de Rauzan, offre un écusson chargé des mêmes attributs, et en outre de deux fers à cheval. Cette tombe, qui semblerait dès-lors celle d'un maréchal ferrant, n'est pas certainement très-ancienne; elle est au niveau du sol actuel du cimetière environnant.

Au sud de l'église, les bâtiments claustraux disparaissent tous les jours; il n'en subsiste plus aujourd'hui qu'une file d'arcades ogivales, portées sur cinq massifs de colonnes groupées dont les chapiteaux sont décorés d'ornements encore romans. Une tour carrée, placée à quelque distance de ces ruines, se rattache à ces bâtiments.

Les fenêtres rectangulaires, à meneaux perpendiculaires, qui sont sur la ligne de l'abside, nous indiquent une reconstruction ou au moins un remaniement postérieur; cette restauration eut lieu vraisemblablement après un siège que le convent soutint en 1587 contre les Huguenots, et qui donna lieu à une bien vigoureuse résistance de la part des habitants du lieu.

Les Huguenots, en nombre considérable, ayant à leur tête le sieur de Melon, voulaient s'emparer de cette église, lorsqu'ils furent arrêtés dans leur projet par une trentaine d'habitants dirigés par les frères Aubert, de Rauzan. Ceux-ci, renfermés dans l'église, s'y défendirent pendant trois jours; mais, privés de vivres et cernés, ils étaient prêts à se rendre, lorsque Pierre Aubert parvint à traverser pendant la nuit les lignes des ennemis et fut chercher à Rauzan un renfort de huit ou neuf cents hommes. Attaqués avec vigueur, devant et derrière, les Huguenots se virent forcés d'abandonner la position, après avoir fait des pertes considérables.

PORTAIL DE L'ÉGLISE DE CÉRONS,
ARRONDISSEMENT DE BORDEAUX.

STYLE ROMAN.

Cette église se composait, au douzième siècle, d'une simple nef terminée par une abside demi-circulaire, et n'avait, dans œuvre, que 19 mètres 07 centimètres de longueur sur 5 mètres 80 centimètres de largeur. Au quinzième siècle, un transsept fut ajouté et donna au plan de cette église la forme d'une croix latine; en 1712, des bas-côtés sont encore venus agrandir cette enceinte; enfin, en 1844, l'église a été de nouveau agrandie; la façade du douzième siècle a été démolie pierre à pierre, et reconstruite plus à l'ouest; on a alors ajouté le clocher qui domine cette porte.

La porte principale s'ouvre sous trois arcades en retrait, portées de chaque côté sur quatre colonnes; les deux dernières accouplées sont communes à la grande arcade et à celles de deux portes latérales aveugles. Des lions, des étoiles, des entrelacs, tels sont les objets sculptés sur les archivoltes de la porte principale; des tores contrechevronés formant une suite de losanges décorent les pieds droits qui entourent la porte.

Les arcades des portes latérales sont ornées comme la grande archivolte du portail principal, c'est-à-dire par des tores et des étoiles. Ces arcs, du côté le plus éloigné du portail central, sont portés par une seule colonne, dont les chapiteaux sont décorés de plusieurs personnages. La sculpture des deux chapiteaux à droite de la porte principale appartient à la dernière restauration qui, à part cette sculpture et quelques autres détails, mérite les plus grands éloges.

CLOITRE DE L'ÉGLISE COLLÉGIALE DE SAINT-ÉMILION,

ARRONDISSEMENT DE LIBOURNE.

GOTHIQUE SIMPLE ET GOTHIQUE FLEURI.

Le département de la Gironde ne renferme que trois cloîtres, celui de l'église cathédrale Saint-André à Bordeaux et deux à Saint-Emilion ; les localités de Blazimont et de Saint-Ferme n'offrent plus que des vestiges incomplets.

Parmi ces monuments, celui annexé à la collégiale de Saint-Emilion réclame la première place autant par sa conservation et par son caractère d'ensemble que par la richesse de ses détails.

Il est placé contre la face méridionale de la nef, c'est-à-dire comme celui de l'église de Bordeaux.

Son style dominant se rapporte au treizième siècle ; et, nouvelle ressemblance avec celui de la cathédrale, l'enceinte, qui a reçu au treizième siècle les lignes d'arcades que nous voyons aujourd'hui soutenues en travers par des couples de colonnes, remonte, au moins en partie, à l'époque romane. On ne peut hésiter sur cette question, après avoir examiné des tombeaux encastrés dans le mur de l'est.

Deux galeries, celle du sud et de l'est, sont garnies de tombeaux de différentes époques. Le dessin que nous donnons pris de l'extrémité occidentale de la galerie méridionale, représente à droite le mur d'enceinte méridional, et à gauche la file d'arcades qui communique dans la cour du cloître.

Les arcs en trèfle, encadrés de pignons et portés sur des colonnes qui ornent le côté de droite, indiquent des tombeaux, la plupart du treizième siècle. Cependant la richesse de quelques crochets, de certains profils, dans les plus éloignés du point où s'est placé l'artiste, notamment dans le quatrième tombeau à partir de l'ouest, dénote le quatorzième siècle.

En résumé, l'enceinte de ce cloître présente les mêmes époques que l'église collégiale dont il forme une partie intégrante ; enceinte carrée du douzième siècle ; c'est l'époque de la nef de l'église : arcades et tombeaux du treizième siècle, date du portail septentrional : autres tombeaux du quatorzième siècle ; cette date se retrouve encore dans le sanctuaire.

SIÈGE DANS L'ÉGLISE SAINT-SEURIN.

A BORDEAUX.

GOTHIQUE FLEURI.

L'église Saint-Seurin, autrefois siège d'un chapitre collégial, était dans l'ordre hiérarchique la seconde église de Bordeaux. Les archevêques de ce diocèse devaient donc la visiter fréquemment ; et il n'est pas étonnant qu'un siège spécial, un siège d'honneur, leur ait été affecté dans le chœur de cette église. Telle fut la destination de celui dont nous publions le dessin, et sur lequel le ciseau de l'artiste du seizième siècle a déployé tous les caprices de la plus brillante imagination. C'est bien là un des morceaux les plus élégants d'un style gracieux, mais déjà coquet et bien éloigné de la belle simplicité du treizième siècle.

Quatre piliers à arêtes prismatiques et présentant chacun deux lignes de statuettes superposées soutiennent un dais formé de quatre pyramides, entre lesquelles s'élèvent des pignons à contre-courbure ; derrière les sommets de ces pignons, une galerie.

Le fauteuil est décoré sur ses faces d'arcades figurées ; les accoudoirs sont remarquables, comme les autres parties, par leur élégance. Plus haut, deux consoles ont pu soutenir des statuettes, ou peut-être n'ont-elles jamais eu d'autre destination que de servir d'appui pour un livre, un flambeau.

PORTAIL DE L'ÉGLISE DE LUGAGNAC,

ARRONDISSEMENT DE LIBOURNE.

STYLE ROMAN.

Le plan de cette église a la forme d'un rectangle terminé à l'est par une ligne demi-circulaire. Deux chapelles sont percées dans la face latérale nord.

L'abside purement romane du douzième siècle offre une corniche assez élégante décorée de dents de loups, de festons, et portées sur des consoles dont l'ornementation représente quelques obscénités.

La façade ouest, dans laquelle s'ouvre la porte figurée sur le dessin, appartient à une époque postérieure au reste de l'édifice. Les quatre arcatures légèrement ogivales nous paraissent dénoter, quoique toute l'ornementation en soit romane, l'architecture de transition du treizième siècle.

Un seul personnage humain, accroupi, a été figuré sur le chapiteau le plus voisin de la porte à gauche; si du reste, les chapiteaux, les arcatures sont vides d'ornementale figurée, on semble avoir voulu y réunir tous les sujets adoptés d'ailleurs par le style roman, étoiles, quatre-feuilles, dents de loup, colonnes cannelées, soit verticalement, soit en spirale, colonnes couvertes d'écaille, etc.

Vers 1840, un propriétaire voisin de l'église, voulant faire creuser un rocher pour établir un lavoir, a mis à découvert l'entrée d'un souterrain assez étroit, mais dans lequel un homme peut pénétrer cependant, sur une longueur de 25 mètres environ. Là, le passage est obstrué; mais sa direction semble indiquer que son autre extrémité s'ouvrait dans l'église. D'après la tradition, ce monument a servi autrefois de redoute; le souterrain que nous mentionnons pourrait bien se lier à cette transformation du lieu saint.

COTÉ DROIT DU CHOEUR DE L'ANCIENNE ÉGLISE DE L'ABBAYE DE LA SAUVE.

ARRONDISSEMENT DE BORDEAUX.

STYLE ROMAN.

Trois absides, avons-nous dit (page 4), sont percées dans le côté *est* de l'église de cette ancienne abbaye. Le chœur, c'est-à-dire l'intervalle placé entre l'abside proprement dite et l'arc triomphal qui sépare cette partie du transsept, offre trois ouvertures communiquant de chaque côté dans les absides latérales. La planche ci-jointe a pour sujet le côté septentrional de ce chœur, dans lequel des ouvertures ont été pratiquées à deux étages.

A l'étage inférieur, une colonne est remarquable par son diamètre excessif relativement à la hauteur de son fût. Son chapiteau offre un centaure, buste d'homme sur un corps de cheval dont la queue se relève en panache; un deuxième centaure assez mutilé lance une flèche au premier; de chaque côté de cette scène, sont des animaux fantastiques, queues de serpents, têtes de coqs, etc. Le chapiteau suivant, sur la droite, représente deux animaux ayant chacun deux corps et une seule tête.

Dans le tympan formé par les arcs qui retombent sur ces deux colonnes, un médaillon encastré dans le mur représente un apôtre portant un petit édifice, la représentation de l'abbaye, et foulant un personnage sous les pieds. Ce sujet autrefois répété douze fois, mais que l'on ne retrouve plus que cinq fois dans ces ruines, rappelait la consécration du monastère. Autour de ces bas-reliefs, étaient des inscriptions que M. l'abbé Cirot a fait connaître et dont on ne retrouve plus que des traces. L'église Sainte-Croix de Bordeaux offre huit médaillons ayant le même sujet, mais sans inscription.

Sur les chapiteaux de l'étage supérieur, on retrouve des animaux à deux corps; puis, sur le chapiteau qui décore à gauche le pilastre central, la représentation du pélican, emblème du Christ.

Enfin, sur les chapiteaux des colonnes dont la masse forme le pilier qui supportait l'arc doubleau du sanctuaire, on remarque, d'abord à droite, des animaux fantastiques; puis une image du bon pasteur, la brebis sur les épaules; enfin des feuilles d'acanthe.

Bordeaux, imp. de Durand, successeur de Lavigne jeune.

PORTAIL DE L'ÉGLISE DE HAUX,

ARRONDISSEMENT DE BORDEAUX.

STYLE ROMAN.

L'église de Haux, qui ne présentait dans le principe qu'une simple nef, a été agrandie, il y a quelques années, par l'addition d'un bas-côté au nord. La corniche de l'abside est supportée par des consoles sur lesquelles on a représenté des figures grotesques, des damiers, des entrelacs, etc.

Dans l'intérieur, quatre chapiteaux du sanctuaire sont assez remarquables; les deux sur le devant, et les plus éloignés du maître-autel, ont pour sujet, l'un des oiseaux becquetant une grappe, l'autre deux animaux séparés par une espèce de caducée. Les deux autres chapiteaux représentent, celui de droite, des feuillages, celui de gauche, une sirène et plusieurs autres personnages, dont un place sa main dans la gueule d'un animal, Daniel dans la fosse aux lions.

Cette ornementation pourrait nous arrêter plus long-temps, si nous n'avions pas à parler de celle du portail, à coup sûr non moins remarquable que celui de l'église Sainte-Croix, à Bordeaux.

Un porche l'abrite: mesure salutaire! car, malgré cette protection, la sculpture est fort dégradée; et, déjà difficile à déchiffrer, elle serait certainement méconnaissable, si aucun obstacle n'avait atténué les ravages du temps et des hommes, et surtout les innocentes insultes des enfants.

Cette porte s'ouvre sous quatre arcades cintrées en retrait. Chaque arcade se compose d'une partie inclinée, fragment d'une surface conique, et d'une partie horizontale, fragment de surface cylindrique, en tout sept bandeaux.

L'arc sculpté le plus resserré est placé sur le mur même; il est porté par les pieds droits de la porte; les deux suivants reposent sur une colonne; le quatrième vient s'appuyer sur deux colonnes accouplées.

Première arcature. — Lions enlacés dans des feuillages et qui se mordent la queue.

Deuxième arcature. — Sur la première archivolte, personnages tirant une corde, comme à l'église Sainte-Croix de Bordeaux, comme à Sainte-Croix-du-Mont. Sur l'archivolte inclinée, oiseaux au milieu de feuillages.

Troisième arcature. — Sur la première archivolte, vingt-quatre personnages : les vieillards de l'apocalypse portant des couronnes sur la tête et des palmes à la main. Au sommet de l'arc, une statuette mutilée, le Christ sans doute, entre deux anges. Sur la seconde archivolte, vingt quadrupèdes.

Quatrième arcature. — Sur la première archivolte, plusieurs scènes au milieu desquelles on croit reconnaître les travaux des vendanges, de la moisson, etc.; le sommet de cette archivolte est occupé par les quatre évangélistes, sous la figure de leurs animaux symboliques.

La deuxième archivolte est décorée de quatorze personnages, hommes et femmes; chacun d'eux tient, d'une main le personnage inférieur, de l'autre main le personnage supérieur; les deux, qui se rencontrent au sommet, se tiennent de même par la main. Cette sculpture serait-elle une représentation de la vie humaine? La décroissance des âges, si nettement indiquée par les vies humaines d'Amiens et de Bauvais, n'aurait pas été ici observée.

Les chapiteaux des colonnes sont aussi fort curieux. Ainsi, sur la droite, l'artiste a sculpté l'adoration des mages : la vierge tient l'enfant Jésus sur les genoux, et saint Joseph est placé derrière eux; les rois mages, au nombre de trois, la tête ceinte d'une couronne, se prosternent; sur le tailloir du chapiteau, l'étoile qui les a conduit et un ange.

La sculpture du chapiteau suivant est tellement mutilée que son sens devient obscur. Cependant, il nous semble reconnaître les gardes qui fuyent effrayés au moment où le Christ, sortant du tombeau, s'élève vers les cieux; la place du Christ est entièrement fruste.

Enfin, le troisième chapiteau a pour sujet les saintes Femmes au tombeau du Christ. L'ange qui les avertit qu'il est monté au ciel est au milieu d'elles.

Sur les chapiteaux du côté gauche, on remarque sur le premier des lions enlacés dans des feuillages, et sur le suivant, la représentation du jugement de Salomon. Un personnage debout, qui semble tenir un enfant à la main, est entre deux femmes, dont l'une tient dans ses bras un enfant. Enfin, sur le troisième chapiteau, un personnage assis, entouré de trois autres personnes, représente peut-être Salomon sur son trône.

De chaque côté de cette porte, on voit la naissance d'arcatures qui servaient d'encadrement à des portes latérales masquées aujourd'hui par des contreforts qui soutiennent le clocher.

Sur ces naissances d'arcatures sont figurés des personnages qui semblent en marche.

Au-dessus des arcatures du portail, quelques sculptures sont encastrées dans le mur; un ange aux ailes mutilées et un lion : ce sont sans doute encore les représentations symboliques des évangélistes.

Tous les ornements que nous venons d'étudier sont contemporains de la façade; mais les deux anges placés, un de chaque côté du portail, sont d'une date bien postérieure, du seizième siècle probablement.

Enfin, on ne doit pas s'éloigner de cette église sans jeter un coup-d'œil sur le bénitier placé contre cette façade. C'est un chapiteau creusé provenant de l'abbaye de la Sauve, et dont on doit la conservation à M. l'abbé E. Marquet, desservant de cette paroisse. Cet ecclésiastique a aussi réuni devant le porche quatre clefs de voûte très-remarquables par leur ornementation, et qui appartenaient autrefois au même monastère.

TOMBEAU DANS L'ÉGLISE SAINTE-CROIX.

A BORDEAUX.

GOTHIQUE FLEURI.

Ce dessin nous conduit dans l'intérieur de l'église Sainte-Croix, dont la façade a déjà été l'objet de notre attention.

Dans les églises qui possédaient des chapitres, qu'elles fussent cathédrales, collégiales ou simples abbayes, la partie d'honneur était ordinairement affectée au service des prêtres ou des religieux, et une chapelle particulière servait aux cérémonies de la paroisse. Dans l'église Sainte-Croix, le bas-côté nord et la chapelle qui forme son prolongement avaient reçu cette dernière destination. L'autel, dédié aujourd'hui au Sacré-Cœur, était alors placé sous l'invocation de Saint-Jean.

Comme observation générale, nous nous bornerons à faire remarquer la différence de style caractérisé par les fenêtres du bas-côté, celle de l'extrémité du transsept et celles de l'abside; ces dernières appartiennent à l'église primitive, qui n'avait qu'une nef centrale. C'est l'époque de la façade principale. La fenêtre de l'extrémité de la croisée est probablement contemporaine du clocher; enfin, celles du bas-côté appartiennent, comme cette addition toute entière, au treizième siècle; c'est l'époque de l'arcade ogivale que l'on voit à gauche dans la partie supérieure de la façade.

Le tombeau figuré sur notre dessin est placé dans ce bas-côté nord, contre l'extrémité occidentale du mur du transsept, et en pénétration dans le mur. Le costume du personnage étendu sur la pierre du tombeau désigne clairement un abbé. Sa tête est appuyée sur un coussin, entre deux anges à moitié couchés; deux autres anges, debout, étaient placés à l'autre extrémité; mais ils ont été détruits; les pieds du personnage reposent sur un lion couché. Aucune inscription ne révèle son nom.

Porte de l'hôpital St-André à Bordeaux démoli en 1840

Portail de l'église de St Junien

PORCHE DE L'ÉGLISE DE GABARNAC (Gironde)

Façade de l'Église de Sagnai de Castile

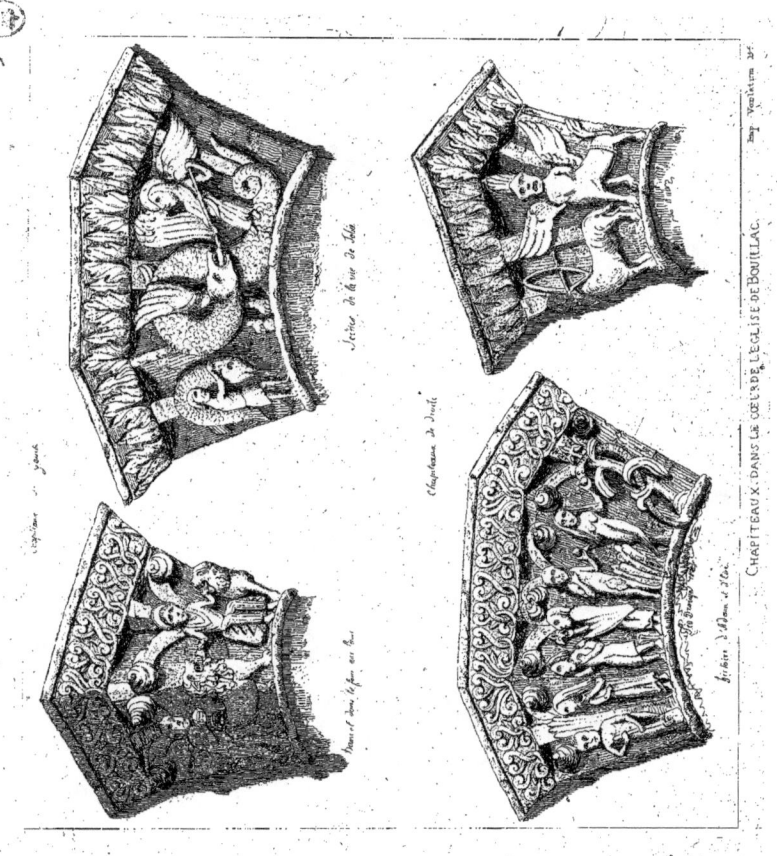

CHAPITEAUX DANS LE CHŒUR DE L'ÉGLISE DE BOUILLAC.

CLOITRE DE L'ÉGLISE COLLÉGIALE DE ST ÉMILION.

Façade de l'Église de Mazinant.

CHOIX DES TYPES

LES PLUS REMARQUABLES

DE

L'ARCHITECTURE RELIGIEUSE

AU MOYEN-AGE,

DANS LE DÉPARTEMENT DE LA GIRONDE,

DESSINÉS A L'HOMOGRAPHE ET GRAVÉS A L'EAU-FORTE ;

PAR LÉO DROUYN.

DÉDIÉ

A LA COMMISSION DES MONUMENTS HISTORIQUES

DU DÉPARTEMENT DE LA GIRONDE.

2.me Livraison.

PRIX DE LA LIVRAISON, composée de 5 Planches et d'une feuille de texte (environ 16 pages) : 5 FRANCS.

ON S'ABONNE,

CHEZ
L'AUTEUR, Rue de Gasc, 143.
CHAUMAS-GAYET, libraire, Fossés du Chapeau-Rouge, 34.
TH. LAFARGUE, id., Rue Puits de Bagne-Cap, 8.
CH. LAWALLE, id., Allées de Tourny, 52.
GAUTIER, marchand de couleurs, Fossés de l'Intendance, 53.
FOULQUIER, id., au Bazar-Bordelais, rue Sainte-Catherine, 54.
MAGGI, marchand d'estampes, cours du XXX Juillet.
Et chez les principaux Libraires.

BORDEAUX.— IMPRIMERIE DE TH. LAFARGUE.
1845.

LA DEUXIÈME LIVRAISON SE COMPOSE DE :

1.° Façade de l'église Sainte-Croix, à Bordeaux.
2.° Façade de l'église collégiale de Saint-Émilion.
3.° Portail de l'église de Gabarnac.
4.° Abside de l'église de Saint-Loubès.
5.° Portail de la même église.

LA PREMIÈRE LIVRAISON CONTENAIT :

1.° Vue de l'abside et du clocher de l'abbaye de La Sauve.
2.° Façade occidentale de l'église de Saint-Macaire.
3.° Façade de l'ancienne église d'Aubiac.
4.° Porte de l'ancienne chapelle de l'hôpital Saint-André, à Bordeaux.
5.° Croix dans le cimetière de Saint-Sulpice d'Izon.

LA TROISIÈME LIVRAISON CONTIENDRA :

1.° Porte méridionale de l'église Saint-Michel, à Bordeaux.
2.° Façade de l'église de Loupiac de Cadillac.
3.° Chapiteaux de l'église de Bouliac.
4.° Portail de l'église Saint-Genès de Lombaud.
5.° Porte de la Crypte monolithe de Saint-Émilion.

CHOIX DES TYPES

LES PLUS REMARQUABLES

DE

L'ARCHITECTURE RELIGIEUSE

AU MOYEN-AGE,

DANS LE DÉPARTEMENT DE LA GIRONDE,

DESSINÉS A L'HOMOGRAPHE ET GRAVÉS A L'EAU-FORTE ;

PAR LÉO DROUYN.

DÉDIÉ

A LA COMMISSION DES MONUMENTS HISTORIQUES

DU DÉPARTEMENT DE LA GIRONDE.

3.me Livraison.

PRIX DE LA LIVRAISON, composée de 5 Planches et d'une feuille de texte (quatre pages) : 5 FRANCS.

ON S'ABONNE,

CHEZ
- L'AUTEUR, Rue de Gasc, 143.
- CHAUMAS-GAYET, libraire, Fossés du Chapeau-Rouge, 34.
- TH. LAFARGUE,   id.,   Rue Puits de Bagne-Cap, 8.
- CH. LAWALLE,   id.,   Allées de Tourny, 52.
- GAUTIER, marchand de couleurs, Fossés de l'Intendance, 53.
- FOULQUIER,   id.,   au Bazar-Bordelais, rue Sainte-Catherine, 54.
- MAGGI, marchand d'estampes, cours du XXX Juillet.
- Et chez les principaux Libraires.

BORDEAUX.— IMPRIMERIE DE TH. LAFARGUE.

1845.

NOMS DES SOUSCRIPTEURS.

MM. Le Duc DECAZES, Grand-Référendaire de la Chambre des Pairs.
Le Baron SERS, Préfet de la Gironde, Pair de France.
GUESTIER Junior, Pair de France.
Le Marquis De LAGRANGE, Député, Membre du Comité Historique des Arts et Monuments.
WUSTENBERG, Député.
Mgr. DONNET, Archevêque de Bordeaux.
Le Marquis De CASTELBAJAC, Lieutenant-Général, Commandant la 11me Division Militaire.
F. LEROY, Préfet de l'Indre.
Louis SERS, Auditeur au Conseil d'État.
DUFFOUR-DUBERGIER, Maire de Bordeaux.
La Bibliothèque de la ville de Bordeaux.
La Mairie de Bordeaux, (Bureau des plans).
Le Vicomte D'ARMAGNAC, Lieutenant-Général.
L'Académie de peinture de Bordeaux.
GAUVRY, Conseiller à la Cour Royale de Bordeaux.
DESCHAMPS, Ingénieur en chef des Ponts et Chaussées.
BOUCHEREAU, Conseiller de Préfecture de la Gironde.
RUELLE, Directeur des Contributions Indirectes.
Le Comte de MONBADON.
RABANIS, Président de la Commission des Monuments Historiques du département de la Gironde.
GAUTIER, Adjoint du Maire de Bordeaux, Vice-Présid. de la Commis. des Monum. Hist.
DOSQUET, Secrétaire-Général de la Préfecture de la Gironde, Membre de la Comm. des Monum. Hist.
DUPHOT, Architecte, Membre de la Commission des Monuments Historiques du Département.
De LAFORRE, Ingénieur en chef des Ponts et Chaussées, Membre de la Comm. des Monum. Hist.
JAQUEMET, Ingénieur des Ponts et Chaussées, Membre de la Comm. des Monum. hist.
THIAC, Architecte du département, Membre de la Comm. des Monum. Hist.
ROBERT, Chef de Division à la Mairie de Bordeaux, Corresp. de la Commis. des Monum. Hist.
GRELET (CHARLES), Corresp. de la Comm. des Monum. Hist.
FERBOS Fils, Correspondant de la Comm. des Monum. Hist.
De SAINT-AMANT, de l'Académie Royale des Antiquaires de France.
ALAUX, Directeur de l'Académie de peinture de Bordeaux.
DIDRON, Secrétaire du Comité Historique des Arts et Monuments.
CHARLES DES MOULINS, Membre de la Société Archéologique Française.
JULES DELPIT.
Le Comte De LACHASSAIGNE.
Le Comte De KERCADO.
Le Comte De LA MYRE-MORY.
De MONTBRUN.
BUHAN, Avocat à Libourne.
BERDOLY, Ingénieur civil.
BERTRAND (HENRI).
BURGUET, Architecte.
Mme BOSC.
CHAUMET, Docteur-Médecin.
COUREAU Fils aîné, Ingénieur-Architecte.
DOUILLARD.
DUBOIS d'Izon.
DUCOURNEAU, Négociant.
DANJOU, Ingénieur-civil.
DELBOS, ancien Président du Tribunal de Commerce de Bordeaux.
FELLETIN, Curé de Cantenac.
GASCHET.
De GERVAIN.
GIRARD, Architecte.

NOMS DES SOUSCRIPTEURS, (SUITE).

MM. GAUTIER, Marchand de tableaux à Bordeaux.
EYRINIAC, Maire de Bergerac.
HOURQUEBIE (Victor).
LALANNE, Notaire.
LAFITTE, Négociant.
LEGRIS DE LASSALLE.
LANCELIN, professeur à l'École d'Hydrographie.
MONSET, Courtier de marchandises.
MUTEL, Notaire à Cadillac.
NOAILLES aîné, Avoué.
HOVYN DE TRANCHÈRE.
PERRIER, Entrepreneur de constructions.
M.me PETERSEN.
PÉRY, Notaire.
PASCAUT (Léopold), Avoué.
ROBERT, ancien Avoué de Libourne.
L'Abbé De SOISSONS, Curé de Saint-Seurin.
L'Abbé SOUYRI, Curé de Sainte-Eulalie.
L'Abbé CIROT, aumônier du Sacré-Cœur.
THOMSON, Négociant.
De VASSAL.
VIGNAL.
VALENCE, Architecte.
PICHEVIN, Négociant.
DUPUY, de Créon.
Camille de CAUSSÉ.
L'Abbé BORNET, Chanoine de l'Église Saint-André.
WASSELIN, Notaire à Paris.
D'ACOSTA, Directeur de la Compagnie du gaz.

LA TROISIÈME LIVRAISON SE COMPOSE DES SUJETS SUIVANTS :

1.° Porte méridionale de l'église Saint-Michel, à Bordeaux.
2.° Façade de l'église de Loupiac de Cadillac.
3.° Chapiteaux de l'église de Bouliac.
4.° Portail de l'église Saint-Genès de Lombaud.
5.° Porte de la Crypte monolithe de Saint-Émilion.

LA PREMIÈRE ET LA DEUXIÈME LIVRAISONS CONTENAIENT :

1.° Vue de l'abside et du clocher de l'abbaye de La Sauve.
2.° Façade de l'église de Saint-Macaire.
3.° Façade de l'ancienne église d'Aubiac.
4.° Porte de l'ancienne chapelle de l'hôpital Saint-André, à Bordeaux.
5.° Croix dans le cimetière de Saint-Sulpice d'Izon.
6.° Façade de l'église Sainte-Croix, à Bordeaux.
7.° Façade de l'église collégiale de Saint-Émilion.
8.° Portail de l'église de Gabarnac.
9.° Abside de l'église de Saint-Loubès.
10.° Portail de la même église.

LA QUATRIÈME LIVRAISON CONTIENDRA :

1.° Portail de l'église de Bazas.
2.° Côté septentrional du chœur de l'ancienne église de l'abbaye de La Sauve.
3.° Portail de l'église de Cérons.
4.° Tombeau dans l'église Sainte-Croix, à Bordeaux.
5.° Portail de l'église de Lugagnac.

Nota. — Quelques personnes ont remarqué que nos planches ne sont pas numérotées ; nous avons l'intention de donner deux tables des matières, l'une suivant l'ordre du texte, l'autre chronologique ; et chaque souscripteur adoptera pour le classement des planches l'ordre qui lui conviendra. Nous donnerons aussi un titre.

CHOIX DES TYPES

LES PLUS REMARQUABLES

DE

L'ARCHITECTURE RELIGIEUSE

AU MOYEN-AGE,

DANS LE DÉPARTEMENT DE LA GIRONDE,

DESSINÉS A L'HOMOGRAPHE ET GRAVÉS A L'EAU-FORTE ;

PAR LÉO DROUYN.

DÉDIÉ

A LA COMMISSION DES MONUMENTS HISTORIQUES

DU DÉPARTEMENT DE LA GIRONDE.

4.me Livraison.

PRIX DE LA LIVRAISON, composée de 5 Planches et d'une feuille de texte (quatre pages) : 5 FRANCS.

ON S'ABONNE,

CHEZ
- L'AUTEUR, Rue de Gasc, 143.
- CHAUMAS-GAYET, libraire, Fossés du Chapeau-Rouge, 34.
- TH. LAFARGUE, id., Rue Puits de Bagne-Cap, 8.
- CH. LAWALLE, id., Allées de Tourny, 52.
- GAUTIER, marchand de couleurs, Fossés de l'Intendance, 53.
- FOULQUIER, id., au Bazar-Bordelais, rue Sainte-Catherine, 54.
- MAGGI, marchand d'estampes, cours du XXX Juillet.

Et chez les principaux Libraires.

BORDEAUX.— IMPRIMERIE DE TH. LAFARGUE.
1845.

NOMS DES SOUSCRIPTEURS.

MM. Le Duc DECAZES, Grand-Référendaire de la Chambre des Pairs.
Le Baron SERS, Préfet de la Gironde, Pair de France.
GUESTIER Junior, Pair de France.
Le Marquis De LAGRANGE, Député, Membre du Comité Historique des Arts et Monuments.
WUSTENBERG, Député.
Le Marquis De CASTELBAJAC, Lieutenant-Général, Commandant la 11me Division Militaire.
Mgr. DONNET, Archevêque de Bordeaux.
F. LEROY, Préfet de l'Indre.
Louis SERS, Auditeur au Conseil d'État.
DUFFOUR-DUBERGIER, Maire de Bordeaux.
La Bibliothèque de la ville de Bordeaux.
La Mairie de Bordeaux, (*Bureau des plans*).
L'Académie de peinture de Bordeaux.
Le Vicomte D'ARMAGNAC, Lieutenant-Général.
GAUVRY, Conseiller à la Cour Royale de Bordeaux.
DESCHAMPS, Ingénieur en chef des Ponts et Chaussées.
BOUCHEREAU, Conseiller de Préfecture de la Gironde.
RUELLE, Directeur des Contributions Indirectes.
Le Comte de MONBADON.
RABANIS, Doyen de la Faculté des Lettres, Président de la Commission des Monuments Historiques du département de la Gironde.
GAUTIER, Adjoint du Maire de Bordeaux, Vice-Présid. de la Commis. des Monum. Hist.
DOSQUET, Secrétaire-Général de la Préfecture de la Gironde, Membre de la Comm. des Monum. Hist.
DUPHOT, Architecte, Membre de la Commission des Monuments Historiques du Département.
De LAFORRE, Ingénieur en chef des Ponts et Chaussées, Membre de la Comm. des Monum. Hist.
JAQUEMET, Ingénieur des Ponts et Chaussées, Membre de la Comm. des Monum. hist.
THIAC, Architecte du département, Membre de la Comm. des Monum. Hist.
ROBERT, Chef de Division à la Mairie de Bordeaux, Corresp. de la Commis. des Monum. Hist.
L'Abbé CIROT, aumônier du Sacré-Cœur, Chanoine-Honoraire, Corresp. de la Comm. des Monum. Hist.
GRELET (Charles), Corresp. de la Comm. des Monum. Hist.
FERBOS Fils, Correspondant de la Comm. des Monum. Hist.
De SAINT-AMANT, de l'Académie Royale des Antiquaires de France.
ALAUX, Directeur de l'Académie de peinture de Bordeaux.
DIDRON, Secrétaire du Comité Historique des Arts et Monuments.
Charles DES MOULINS, Membre de la Société Archéologique Française.
Jules DELPIT.
Le Comte De LACHASSAIGNE.
Le Comte De KERCADO.
Le Comte De LA MYRE-MORY.
De MONTBRUN.
BUHAN, Avocat à Libourne.
COUREAU Fils aîné, Ingénieur-Architecte.
BERDOLY, Ingénieur civil.
DANJOU, Ingénieur-civil.
BERTRAND (Henri).
BURGUET, Architecte.
GIRARD, Architecte.
VALENCE, Architecte.
PERRIER, Entrepreneur de constructions.
M.me BOSC.
CHAUMET, Docteur-Médecin.
DOUILLARD.
DUBOIS d'Izon.
DUCOURNEAU, Négociant.
DELBOS, ancien Président du Tribunal de Commerce de Bordeaux.

NOMS DES SOUSCRIPTEURS, (SUITE).

MM. GASCHET.
De GERVAIN.
GAUTIER, Marchand de tableaux à Bordeaux.
EYRINIAC, Maire de Bergerac.
HOURQUEBIE (Victor).
LALANNE, Notaire.
LAFITTE, Négociant.
LEGRIS DE LASSALLE.
LANCELIN, professeur à l'École d'Hydrographie.
MONSET, Courtier de marchandises
MUTEL, Notaire à Cadillac.
NOAILLES aîné, Avoué.
HOVYN DE TRANCHÈRE.
M.me PETERSEN.
PÉRY, Notaire.
PASCAUT (Léopold), Avoué.
ROBERT, ancien Avoué à Libourne.
L'Abbé De SOISSONS, Curé de Saint-Seurin.
L'Abbé SOUYRI, Curé de Sainte-Eulalie.
L'Abbé FELLETIN, Curé de Cantenac.
L'Abbé BORNET, Chanoine de l'Église Saint-André.
THOMSON, Négociant.
De VASSAL.
VIGNAL.
PICHEVIN, Négociant.
DUPUY, de Créon.
Camille de CAUSSÉ.
WASSELIN, Notaire à Paris.
D'ACOSTA, Directeur de la Compagnie du gaz.
DUFOUSSET, Avocat à Libourne.
PASCAL, Entrepreneur de constructions.
ORVILLE, Intendant militaire, à Bordeaux.
M.lle MAYDIEU, à Cadillac.
NOAILLES, Chanoine-Honoraire.

LA QUATRIÈME LIVRAISON SE COMPOSE DES SUJETS SUIVANTS :

1.° Portail de l'église de Bazas.
2.° Côté septentrional du chœur de l'ancienne église de l'abbaye de La Sauve.
3.° Portail de l'église de Cérons.
4.° Tombeau dans l'église Sainte-Croix, à Bordeaux.
5.° Portail de l'église de Lugagnac.

LES TROIS PREMIÈRES LIVRAISONS CONTENAIENT :

1.° Abside et clocher de l'abbaye de La Sauve.
2.° Façade de l'église de Saint-Macaire.
3.° Façade de l'ancienne église d'Aubiac.
4.° Porte de l'ancienne chapelle de l'hôpital Saint-André, à Bordeaux.
5.° Croix dans le cimetière de Saint-Sulpice d'Izon.
6.° Façade de l'église Sainte-Croix, à Bordeaux.
7.° Façade de l'église collégiale de Saint-Émilion.
8.° Portail de l'église de Gabarnac.
9.° Abside de l'église de Saint-Loubès.
10.° Portail de la même église.
11.° Porte méridionale de l'église Saint-Michel, à Bordeaux.
12.° Façade de l'église de Loupiac de Cadillac.
13.° Chapiteaux de l'église de Bouliac.
14.° Portail de l'église Saint-Genès de Lombaud.
15.° Porte de la Crypte monolithe de Saint-Emilion.

LA CINQUIÈME LIVRAISON CONTIENDRA :

1.° Vue générale de l'église de Blazimont.
2.° Portail de cette église.
3.° Cloître de l'église collégiale de Saint-Émilion.
4.° Portail de l'église de Haux.
5.° Siège épiscopal dans l'église Saint-Seurin.

Nota. — Quelques personnes ont remarqué que nos planches ne sont pas numérotées ; nous avons l'intention de donner deux tables des matières, l'une alphabétique, l'autre chronologique ; et chaque souscripteur adoptera pour le classement des planches l'ordre qui lui conviendra.
Nous donnerons aussi un titre.

CHOIX DES TYPES

LES PLUS REMARQUABLES

DE

L'ARCHITECTURE RELIGIEUSE

AU MOYEN-AGE,

DANS LE DÉPARTEMENT DE LA GIRONDE,

DESSINÉS A L'HOMOGRAPHE ET GRAVÉS A L'EAU-FORTE ;

PAR LÉO DROUYN.

DÉDIÉ

A LA COMMISSION DES MONUMENTS HISTORIQUES

DU DÉPARTEMENT DE LA GIRONDE.

5.me Livraison.

PRIX DE LA LIVRAISON, composée de 5 Planches et d'une feuille de texte (quatre pages) : 5 FRANCS.

ON S'ABONNE,

CHEZ
- L'AUTEUR, Rue de Gasc, 143.
- CHAUMAS-GAYET, libraire, Fossés du Chapeau-Rouge, 34.
- TH. LAFARGUE, imprimeur-libraire, Rue Puits de Bagne-Cap, 8.
- CH. LAWALLE, libraire, Allées de Tourny, 52.
- GAUTIER, marchand de couleurs, Fossés de l'Intendance, 53.
- FOULQUIER, id., au Bazar-Bordelais, rue Sainte-Catherine, 54.
- MAGGI, marchand d'estampes, cours du XXX Juillet.

Et chez les principaux Libraires.

BORDEAUX.— IMPRIMERIE DE TH. LAFARGUE.

1845.

NOMS DES SOUSCRIPTEURS.

MM. Le Duc DECAZES, Grand-Référendaire de la Chambre des Pairs.
Le Baron SERS, Préfet de la Gironde, Pair de France.
GUESTIER Junior, Pair de France.
Le Marquis De LAGRANGE, Député, Membre du Comité Historique des Arts et Monuments.
WUSTENBERG, Député.
Le Marquis De CASTELBAJAC, Lieutenant-Général, Commandant la 11me Division Militaire.
Mgr. DONNET, Archevêque de Bordeaux.
F. LEROY, Préfet de l'Indre.
Louis SERS, Auditeur au Conseil d'État.
DUFFOUR–DUBERGIER, Maire de Bordeaux.
La Bibliothèque de la ville de Bordeaux.
La Mairie de Bordeaux, (*Bureau des plans*).
L'Académie de peinture de Bordeaux.
Le Vicomte D'ARMAGNAC, Lieutenant-Général.
GAUVRY, Conseiller à la Cour Royale de Bordeaux.
DESCHAMPS, Ingénieur en chef des Ponts et Chaussées.
BOUCHEREAU, Conseiller de Préfecture de la Gironde.
RUELLE, Directeur des Contributions Indirectes.
Le Comte de MONBADON.
RABANIS, Doyen de la Faculté des Lettres, Président de la Commission des Monuments Historiques du département de la Gironde.
GAUTIER, Adjoint du Maire de Bordeaux, Vice-Présid. de la Commis. des Monum. Hist.
DOSQUET, Secrétaire-Général de la Préfecture de la Gironde, Membre de la Comm. des Monum. Hist.
DUPHOT, Architecte, Membre de la Commission des Monuments Historiques du Département.
De LAFORRE, Ingénieur en chef des Ponts et Chaussées, Membre de la Comm. des Monum. Hist.
JAQUEMET, Ingénieur des Ponts et Chaussées, Membre de la Comm. des Monum. hist.
THIAC, Architecte du département, Membre de la Comm. des Monum. Hist.
ROBERT, Chef de Division à la Mairie de Bordeaux, Corresp. de la Commis. des Monum. Hist.
L'Abbé CIROT, aumônier du Sacré-Cœur, Chanoine-Honoraire, Corresp. de la Comm. des Monum. Hist.
GRELET (Charles), Corresp. de la Comm. des Monum. Hist.
FERBOS Fils, Correspondant de la Comm. des Monum. Hist.
De SAINT–AMANT, de l'Académie Royale des Antiquaires de France.
ALAUX, Directeur de l'Académie de peinture de Bordeaux.
DIDRON, Secrétaire du Comité Historique des Arts et Monuments.
Charles DES MOULINS, Membre de la Société Archéologique Française.
Jules DELPIT.
Le Comte De LACHASSAIGNE.
Le Comte De KERCADO.
Le Comte De LA MYRE-MORY.
De MONTBRUN.
BUHAN, Avocat à Libourne.
COUREAU Fils aîné, Ingénieur-Architecte.
BERDOLY, Ingénieur civil.
DANJOU, Ingénieur-civil.
BERTRAND (Henri).
BURGUET, Architecte.
GIRARD, Architecte.
VALENCE, Architecte.
PERRIER, Entrepreneur de constructions.
Mme BOSC.
CHAUMET, Docteur-Médecin.
DOUILLARD.
DUBOIS d'Izon.
DUCOURNEAU, Négociant.
DELBOS, ancien Président du Tribunal de Commerce de Bordeaux.

NOMS DES SOUSCRIPTEURS, (suite).

MM. GASCHET.
De GERVAIN.
GAUTIER, Marchand de tableaux à Bordeaux.
EYRINIAC, Maire de Bergerac.
HOURQUEBIE (Victor).
LALANNE, Notaire.
LAFITTE, Négociant.
LEGRIS DE LASSALLE.
LANCELIN, professeur à l'École d'Hydrographie.
MONSET, Courtier de marchandises.
MUTEL, Notaire à Cadillac.
NOAILLES aîné, Avoué.
HOVYN DE TRANCHÈRE.
M.me PETERSEN.
PÉRY, Notaire.
PASCAULT (Léopold), Avoué.
ROBERT, ancien Avoué à Libourne.
L'Abbé De SOISSONS, Curé de Saint-Seurin.
L'Abbé SOUYRI, Curé de Sainte-Eulalie.
L'Abbé FELLETIN, Curé de Cantenac.
L'Abbé BORNET, Chanoine de l'Église Saint-André.
THOMSON, Négociant.
De VASSAL.
VIGNAL.
PICHEVIN, Négociant.
DUPUY, de Créon.
Camille de Caussé.
WASSELIN, Notaire à Paris.
D'ACOSTA, Directeur de la Compagnie du gaz.
DUFOUSSAT, Avocat à Libourne.
PASCAL, Entrepreneur de constructions.
ORVILLE, Intendant militaire, à Bordeaux.
M.lle MAYDIEU, à Cadillac.
NOAILLES, Chanoine-Honoraire.

LA CINQUIÈME LIVRAISON SE COMPOSE DES SUJETS SUIVANTS :

1.° Vue générale de l'église de Blazimont.
2.° Portail de cette église.
3.° Cloître de l'église collégiale de Saint-Émilion.
4.° Portail de l'église de Haux.
5.° Siège épiscopal dans l'église Saint-Seurin.

LES QUATRE PREMIÈRES LIVRAISONS CONTENAIENT :

1.° Abside et clocher de l'abbaye de La Sauve.
2.° Façade de l'église de Saint-Macaire.
3.° Façade de l'ancienne église d'Aubiac.
4.° Porte de l'ancienne chapelle de l'hôpital Saint-André, à Bordeaux.
5.° Croix dans le cimetière de Saint-Sulpice d'Izon.
6.° Façade de l'église Sainte-Croix, à Bordeaux.
7.° Façade de l'église collégiale de Saint-Émilion.
8.° Portail de l'église de Gabarnac.
9.° Abside de l'église de Saint-Loubès.
10.° Portail de la même église.
11.° Porte méridionale de l'église Saint-Michel, à Bordeaux.
12.° Façade de l'église de Loupiac de Cadillac.
13.° Chapiteaux de l'église de Bouliac.
14.° Portail de l'église Saint-Genès de Lombaud.
15.° Porte de la Crypte monolithe de Saint-Émilion.
16.° Portail de l'église de Bazas.
17.° Côté septentrional du chœur de l'ancienne église de l'abbaye de La Sauve.
18.° Portail de l'église de Cérons.
19.° Tombeau dans l'église Sainte-Croix, à Bordeaux.
20.° Portail de l'église de Lugagnac.

FIN DE LA PREMIÈRE SÉRIE.

Nota. — Quelques personnes ont remarqué que nos planches ne sont pas numérotées ; nous avons l'intention de donner deux tables des matières, l'une alphabétique, l'autre chronologique ; et chaque souscripteur adoptera pour le classement des planches l'ordre qui lui conviendra.
Nous donnerons aussi un titre.

www.ingramcontent.com/pod-product-compliance
Lightning Source LLC
Chambersburg PA
CBHW070307100426
42743CB00011B/2389